KB270101

진짜 공부 리스타트

1판 1쇄 인쇄 2025. 7. 2.
1판 1쇄 발행 2025. 7. 9.

지은이 신수정

발행인 박강휘
편집 심성미 | 디자인 지은혜 | 마케팅 이헌영 | 홍보 이한솔
발행처 김영사
등록 1979년 5월 17일(제406−2003−036호)
주소 경기도 파주시 문발로 197(문발동) 우편번호 10881
전화 마케팅부 031)955−3100, 편집부 031)955−3200 | 팩스 031)955−3111

저작권자 ⓒ 신수정, 2025
이 책은 저작권법에 의해 보호를 받는 저작물이므로
저자와 출판사의 허락 없이 내용의 일부를 인용하거나 발췌하는 것을 금합니다.

값은 뒤표지에 있습니다.
ISBN 979−11−7332−266−2 03370

홈페이지 www.gimmyoung.com　　　　블로그 blog.naver.com/gybook
인스타그램 instagram.com/gimmyoung　　이메일 bestbook@gimmyoung.com

좋은 독자가 좋은 책을 만듭니다.
김영사는 독자 여러분의 의견에 항상 귀 기울이고 있습니다.

이 책은 《1등처럼 공부하지 마!》(2009)의 개정판입니다.

신수정의 죽은 성적 살리는 초공부법

진짜 공부 리스타트

신수정 지음

김영사

차례

3   실전 멘토링 : 10%가 아닌 학생들을 위해

신 박사의 멘토링

부록

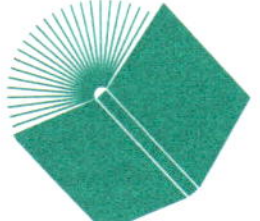

★ 하루에도 수십 번 흔들리는 마음 다잡기

평균성과 다양성의 허와 실
신 박사의 멘토링 ① ▶ 36쪽

시험은 하위 실력 평가다
1부. 기본 멘토링 ▶ 46쪽

마음, 성패를 가르는 승부처
프레임워크 2 ▶ 72쪽

★ 노력이 배신할 때

공부 방법 진단 체크리스트
프레임워크 4 ▶ 93쪽

마구잡이식 공부는 버려라
1부. 기본 멘토링 ▶ 58쪽

환경 통제 자가 진단법
3부. 실전 멘토링 ▶ 180쪽

★ 시험이 코앞, 벼락치기의 방법

벼락치기는 매우 중요하다
프레임워크 5 ▶ 143쪽

핵심 키워드 찾기, 고도의 내용 요약법
프레임워크 4 ▶ 116쪽

슬림화, 요약하고 정리하고
3부. 실전 멘토링 ▶ 192쪽

★ 나만의 차별화 전략을 찾으려면

단기간 내 점수 올리는 하향식 방법
3부. 실전 멘토링 ▶ 169쪽

쉬운 것부터 하라
3부. 실전 멘토링 ▶ 186쪽

답을 보고 이해하라
3부. 실전 멘토링 ▶ 183쪽

"인공지능 시대는 쓸모 없는 사람이 되어야 한다."

천재 프로그래머 출신으로 16세에 스타트업을 창업하고 35세에 대만의 디지털 장관이 된 오드리 탕의 말이다. 우리는 어렸을 때부터 "쓸모 있는 사람이 되어라"는 말을 들어왔는데, 쓸모 없는 사람이 되라니, 대체 무슨 의미일까?

너무 일찍 자신을 특정한 용도로만 정의하지 말라는 조언이다. 현재의 교육 시스템은 지나치게 쓸모를 강조해서 오히려 문제라는 것이다. 너무 일찍부터 자신의 쓸모를 특정 영역으로 정의하면 이후 그것이 이루어지지 않거나 쓸모의 유효 기간이 다할 때 자신의 가치를 찾기 어렵게 된다.

〈하버드 비즈니스 리뷰〉에서 '커리어 패스'에서 '커리어 포트폴

　　　　　　　　　

리오'로 변화할 것이라는 글을 읽은 적이 있다. '커리어 패스'란 마치 사다리를 오르듯 한 단계씩 승진하는 것이다. 반면 '커리어 포트폴리오'는 자신의 역량, 강점, 경험을 개발하여 펼쳐놓고 필요에 닿춰 이들을 유연하게 조합하여 대응한다는 것이다.

이는 스티브 잡스가 말한 '점 연결하기(connecting dots)'와도 일맥상통한다. 그는 서체 디자인, 인도 여행, 매킨토시 개발, 픽사 경험 등 서로 관련 없는 듯 보이는 경험들을 연결하여 애플에서 스마트폰 혁신을 이루었다고 밝혔다.

왜 이런 이야기들이 나온 것일까? 과거와 달리 점점 변화가 가속화되고 있기 때문이다. 과거에는 한 번 배운 것으로 수십 년을 지탱할 수 있었다. 그러나 변화하는 시대, 인공지능 시대에는 배움의 유효 기간이 점점 짧아지고 있다. 자신을 특정 역할로 고정해서는 경쟁력을 발휘할 수 없다.

안정적이라고 여겼던 변호사, 의사 등의 직업 또한 인공지능으로 대체되고 있다. 그러면 이러한 시대 가장 필요한 역량은 무엇일까? 오드리 탕은 "배우는 법을 배워야 한다"고 말한다.

불확실성과 초스피드 시대에는 앞으로 어떤 변화가 펼쳐질지 알기 어렵다. 지금 뭘 배우든 몇 년 후에 다시 배워야 한다. 그러므로 제일 중요한 것은 특정 지식이 아니다. 배우는 법을 배워 어떤 변화가 와도 빠르게 학습하고 새로운 변화에 맞게 자신의 경험과 지식들을 조합해야 한다.

나는 지금 수많은 직장인들을 멘토링하고 있다. 직장과 커리어는 과거와 완전히 달라지고 있다. 몇 년 후에는 더 달라질 것이다. 인공지능이 직장인을 대체해나갈 것이다. 이러한 상황에서 어려움을 헤쳐나가는 가장 큰 비결은 다름이 아니라 '배우는 법'이다.

배우는 법을 익혀온 직장인들은 새로운 지식과 기술을 빠르게 배우고 융합하여 돌파구를 만든다. 이를 통해 빠르게 변화하며 경쟁력을 확보하고 있다.

그런데 불행히도 많은 학생들은 학창 시절 가장 중요한 '배우는 법'을 배우지 못하고 있다. '공부하는 법'을 익혀놓으면 어떤 새로운 환경이 닥쳐도 빠르게 배우고 대처할 수 있다. 그러므로 학창 시절, 특정 과목을 잘하고 좋은 대학에 진학하는 것도 중요하지만 더 중요한 것은 '공부하는 법'을 익히는 것이다. 이를 익혀두면 평생의 자산이 된다.

사실 어린 시절부터 공부를 잘했던 내가 일반 학생들의 공부법에 관심을 갖게 된 것은 공부를 잘하지 못한 나의 두 자녀 덕분이었다. 이들을 그저 방치하고 있다가 뒤늦게 신경 쓰면서 발견하게 된 것은 대한민국의 대부분 공부 프로그램은 상위 10% 이내의 학생들에 초점을 맞추고 있다는 사실이었다. 90% 이상의 학생들은 자신의 몸에 맞는 공부법을 익히지 못한 채 고군분투하고 있었다.

내 자녀로 대표되는 90%의 학생들을 도와야 한다는 생각이 들었다. 이들이 성적을 빠르게 올릴 뿐 아니라 평생 사용할 수 있는 제대로 된 공부법을 몸에 익히도록 돕고 싶었다. 이를 통해 단기적으로는 좋은 성적을 만들고 중장기적으로는 이들이 사회에 나가서도 평생 쓸수 있는 도구('배우는 법')를 마련할 수 있도록 돕고 싶었다. 이 책은 그러한 고민과 실험의 결과다.

이 책은 4개의 부로 구성되어 있다. '0부. 대한민국 수험생의 표본은 누구인가'에서는 공부가 왜 필요한지, 공부에 대한 오해가 무엇인지, 공부를 어떻게 해야 할지 살펴본다.

'1부. 기본 멘토링'에는 구체적인 공부 방법론을 제시한다. 평생 사용할 수 있는 '공부하는 방법' '배우는 법'의 핵심을 제시한다. 여기에서 제시한 10계명을 익힌다면 학창 시절뿐 아니라 평생의 기반이 될 것이다.

'2부. 전략 멘토링'에서는 90%의 학생들을 위한 공부 전략을 제시한다. 일반적인 학생들이 소수의 특출한 학생들이 사용하는 전략을 사용하면 실패하기 쉽다. 머리가 뛰어나고 집중력이 좋고 이미 학습 습관이 잡힌 학생들의 공부 전략은 90% 학생들에게 맞지 않기 때문이다.

'3부. 실전 멘토링'에서는 90%의 학생들이 자신의 약점을 극복하고 실전에서 빠르게 효과를 내면서도 공부 방법론을 몸에 익힐 수 있는 전략을 알려준다.

많은 학생들이 단기적으로는 성적을 올리고 공부에 재미를 찾을 뿐 아니라 공부하는 법을 자연스럽게 익히기를 기대한다. 이를 통해 학업을 마치고 직장 생활을 하면서도 변화하는 환경, 인공지능 환경 속에서도 유연하게 학습하고 적응함으로써 뛰어난 경쟁력을 지속적으로 발휘하길 바란다.

2025년 7월

신수정

대한민국 수험생의 표본은 누구인가
90% 학생들을 위한 방법론

공교육이건 사교육이건 모든 교육은 최상위권 학생 위주로 돌아
간다. 최상위권이 아닌 90%의 학생들이 대한민국 수험생의 절
대다수를 차지하고, 수업료도 똑같이 내는데 대우받지 못하는
이유가 무엇인가?
이제 90%의 학생과 부모의 노력, 대가에 보응하는 체계로 개조
해야 한다!

나는 일찍 결혼한 덕분에 이른 나이에 두 자녀를 두었다. 자녀의 초중고 시기에는 직장 생활로 바빠 아이들 교육에 소홀했다. 부끄러운 고백이지만 아이들이 학교를 잘 다니는지, 공부는 잘하는지 신경 쓴 적이 거의 없다.

숙제를 보아준 적이 없고, 어떤 식으로 공부하라고 가르쳐준 적도 없다. 일을 핑계로 매일 밤늦게 들어왔고 휴일에는 잠으로 시간을 보냈다.

게다가 우리나라 사교육 중심의 교육 방식이 싫어 아이들에게는 절대 사교육을 강제하지 않았다. 마치 축사의 돼지나 닭처럼 내 자녀가 비좁은 공간에서 가공된 지식으로 사육돼 획일화한 인간으로 변하는 것만 같았다. 주입식 교육을 받은 아이들이 과연

 진짜 공부 리스타트

창의적인 생각으로 세상을 바꿀 수 있을지 의심이 들었다.

나 자신이 사교육을 받지 않고도 공부를 잘했기에 내 아이들도 스스로 공부 방식을 깨닫고 공부를 잘할 거라고 기대했다. 자녀들에게 막연한 기대감만 품은 채 방치했다고 해도 과언이 아니다.

불행하게도 아이들은 나와 달랐다. 첫째 아들은 중학교 때까지는 최상위권이었다. 고등학교에 입학한 뒤부터 점차 성적이 떨어지기 시작했다.

설상가상 나도 모르는 사이에 아이는 게임에 빠졌다. 침대 밑에는 리니지 게임 책자가 가득했고, 컴퓨터에 암호를 걸어두어도 금세 암호를 풀고 게임을 했다. 때로는 밥도 거르고 게임만 했다. 새벽에 깨어 거실에 나갔다가 컴컴한 어둠 속에서 몰래 게임하는 아들을 발견한 적도 있다.

아이에게 화를 냈지만 반항만 늘 뿐 고쳐지지 않았다. 그럼에도 내가 아이에게 하는 유일한 말은 "공부 좀 해라!"라는 한마디뿐이었다. 내가 공부를 잘했음에도 학창 시절에 가장 듣기 싫은 말이었고 말 한마디에 아이가 갑자기 달라질 리 없다는 건 누구보다 잘 알았지만 부모로서 할 수 있는 건 그것뿐이었다.

사실 나는 중고교 시절부터 친구들을 가르쳤다. 그들과 같이 공부하며 그들의 성적을 엄청 올려주었다. 대학생 때부터는 본격적으로 과외를 하고 학부모들의 성화에 못 이겨 박사 과정뿐 아니라 심지어 직장 생활 중이던 35세까지 과외를 한, 그 방면의 전문가였다. 내가 그 생활을 즐겨 했다면 지금쯤 일타 강사가 되어 있을지도 모른다. 그만큼 다양한 수준의 수많은 학생들을 가르쳤고 나만의 독특한 학습 방식을 개발하여 학생들의 성적을 크게 올려주었다.

그러나 부모가 자기 자식을 가르치는 일은 거의 불가능하다. 누구보다 가족을 가르치기 어렵다는 사실을 잘 알고 있었다. 직장 일로 피곤한지라 아이를 직접 가르치고 싶지 않았고, 무엇보다 아이가 나에게 배우는 것을 꺼렸다. 원래 자상한 아빠였다면 모르겠지만, 이미 고등학생이 된 아이를 갑자기 가르쳐보겠다고 하니 가능할 리 없었다. 밖에서는 무척 잘하는 일을 집안에서는 전혀 할 수 없었다.

한계에 이르자 그렇게도 싫어하던 학원 수업과 과외를 아이에게 시키기로 결심했다. 사교육도 어릴 적부터 훈련된 아이에게나 통하는 것이다. 평소 사교육에 익숙하지 않은 아이를 학원에 보내면 졸다가 오고, 과외를 시키면 과외 선생과 놀다가 끝난다. 아들에게도 효과가 없었다.

아들은 일가친척에게 나와 비교당하는 것을 엄청 싫어했고, 부자 사이는 점점 멀어졌다. "아빠를 닮았으면 공부 잘할 텐데" "두뇌는 유전이라고 하니 머리는 좋을 텐데"라는 이야기를 들으면 아들은 더욱 스트레스를 받았고 공부를 더욱 멀리했다. 아들과의 대

 진짜 공부 리스타트

화는 점점 끊겼다.

고3 마지막 시기에 아들의 수능 결과가 나왔다. 당연히 지원한 대학들은 모두 떨어졌다. 아들이 집에서 재수하겠다고 했다. 앞으로의 모습이 눈에 선했다. 매일 점심쯤 일어나 학원 가서 졸다가 집에 오면 잠깐 쉬겠다며 밤늦게까지 게임하고…. 지금보다 더 나쁜 점수로 실패할 것이 분명했다. 그러나 아들은 학원에 다니면서 공부하겠노라고 고집했다.

나는 마음을 크게 먹고 내 뜻대로 고집했다. '집에서는 불가능하다. 기숙 학원을 보내자.' 아들은 처음에는 반항하다가 직접 학원들을 방문하고서는 한번 해보자는 생각이 들었는지 나중에는 찬성했다.

아들은 시설이 좋고 자유로운 환경을 선호했지만, 나는 시설이 나쁘지만 군기가 가장 세다고 소문난 기숙 학원에 보냈다. 기숙 학원에 가서 실패한 경험들을 많이 봤기 때문이다.

다행히 변화가 있었다. 아들은 좋아하던 게임을 끊었다. 게임할 수 있는 환경 자체가 안 되니 처음에는 힘들어했지만 시간이 지나면서 자연스럽게 받아들였고 아침에 일찍 일어나 저녁까지 공부하는 생활에 적응했다. 친구들이 열심히 하는 모습에 자극을 받아 스스로도 열심히 했다.

1주일에 1회 기숙 학원을 방문하면, 아들은 집과 가족이 그리웠는지 대화도 많아졌다. 공부해야겠다는 생각이 들었다고 했다.

그동안 공부를 너무 안 해서 해야 할 양이 벅찰 정도로 많다고도 했다.

공부하려는 의지가 생기고 환경에 적응해 나름대로 열심히 했지만 아들의 성적은 쉽사리 오르지 않았다. 마음과 환경은 준비되었지만 수업이 자신의 상황에 맞지 않았으며, 공부 방법을 체득하지 못한 탓이다.

나로서는 아들의 마음이 바뀌었다는 것만으로도 감사했다. 나는 그때부터 아들에게 공부법을 본격적으로 코칭하기 시작했다. 내 말이라면 무조건 듣지 않던 아들이 조금씩 듣기 시작했다. 공부에 진전을 보이기 시작했다.

결국 아들은, 만족할 정도는 아니지만 크게 향상되었고 자기 실력에 부합하는 대학에 진학했다. 무엇보다도 아직 숙달되지는 않았지만 공부법을 익히게 되었다. 공부법을 익힌 아들은 이후 대학 진학을 하자 매번 장학금을 받기 시작했다.

대학 졸업 후, 나는 아들에게 유학을 권했고, 아들은 미국의 최고의 명문 대학원 중 한 곳에 입학했다. 자신의 실력보다 높은 대학원을 입학했기에 처음에는 따라가기 어려웠다. 다행히 내가 코칭한 공부 방법이 어느 정도 몸에 익어 이를 기반으로 1년간은 4시간만 자면서 공부하였다. 결국 우수한 성적으로 컴퓨터공학 석사학위를 취득했다. 이후 미국 기업에서 근무하다가 지금은 국내 기업에서 일하고 있다.

당시에 아들에게 학교는 어땠는지 물어보았다. 우리 아이는 과거에는 소위 명문고였으나 현재는 평준화된 강북의 한 고등학교를 다녔다.

학교에서는 공부할 의욕이 생기지 않는다고 했다. 학생의 반 이상이 수업 시간에 자고 선생님도 별 의욕이 없다고 했다. 차라리 자퇴하고 제대로 된 환경에서 공부하는 것이 더 나을 뻔했다고 말하기까지 했다.

우리나라 공교육의 현실에 엄청난 실망감을 느낄 수밖에 없었다. 내 학창 시절을 중심으로 생각했기 때문에 세월이 흐르면서 공교육이 더 잘못된 방향으로 가고 있는 현실을 깨닫지 못했다.

사람들이 강남의 학교, 외고, 과학고 등을 이야기할 때, 나는 왜 아이들을 어릴 때부터 입시 기계로 만드느냐며 비난했고, 이러한 노력을 하는 학부모를 볼 때마다 열분을 냈던 사람이다. 일반 고등학교의 현실이 이 정도인 줄은 상상조차 하지 못했다. 그만큼 아이 교육에 관심이 없었던 것이다.

냉혹한 교육 현실에 참담함을 느끼는 대한민국 대다수의 학생을 도울 제대로 된 공부 방법론이 분명하게 제시되어야 한다는 생각이 들었다. 특히, 공부를 뛰어나게 잘하지 못하는 학생들에게 맞는 해법 제시가 절실하다고 생각했다.

나와 동일한 처지에 있는 수많은 학부모를 위해, 또 내 아이들과 유사한 처지에 있는 수많은 학생을 위해, 이들에게 적합한 공부 방법론을 본격적으로 정리해보자는 생각을 하게 되었고, 그 결실로 이 책을 쓰게 되었다.

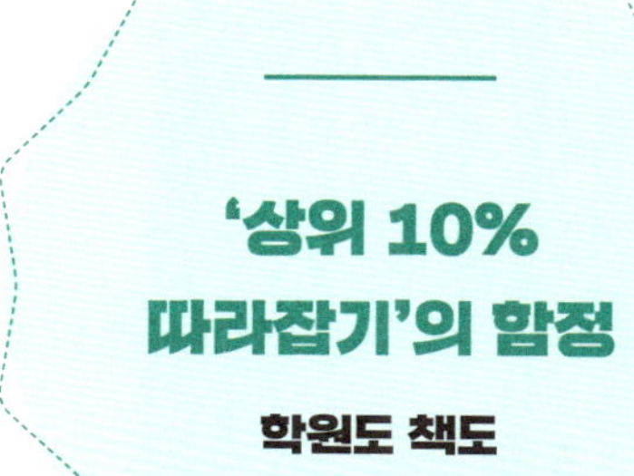

빈익빈 부익부 양성소, 학원

그토록 비판했던 학원, 과외 공부를 뒤늦게나마 아들에게 시키기 위해 여러 곳의 사교육 기관을 방문하고 아이를 기숙 학원까지 보내면서 많은 체험을 했다.

결론부터 말하자면 우리나라의 공교육도 문제지만 사교육은 더 심각하다는 사실을 뼈저리게 느꼈다. 공부를 못하건 잘하건 간에 수업료는 똑같이 내는데 공부 못하는 학생은 찬밥 신세다. (실제로는 수업료가 다르다. 공부를 뛰어나게 잘하면 수업료를 감액해주거나 면제해준다.) 공교육에서야 당연한 일이라 생각했지만 사교육이 공교육보다 오히려 차별이 심하다는 걸 그때서야 처음 알았다.

학원에서는 공부 잘하는 학생들만 따로 모아서 열심히 가르친다. 공부 못하는 학생들도 따로 모으되, 대충 가르친다. 기숙 학원도 마찬가지다. 공부 잘하는 학생은 끊임없이 관리해주고 지도해준다. 공부 못하는 학생이 진도를 따라오지 못하면 개인 문제로 치부하고 별 관심을 기울이지 않는다.

내 아이도 기숙 학원에 들어가면서부터 생활이 변했지만, 초기에는 제대로 된 공부 지도를 받지 못했다. 공부 잘하는 학생과 못하는 학생은 가르치는 방법부터 달라야 한다. 그러나 학원에서는 공부 잘하는 학생 기준으로 진도를 나가기 때문에 우리 아이는 허덕일 수밖에 없었다. 나 자신이 1등이고 우등생일 때는 이러한 시스템이 한없이 좋았지만, 우등생이 아닌 자녀를 둔 학부모 입장에서는 정말 기가 찰 노릇이었다.

엄청난 돈을 내고 우등생 수업료까지 대신 내주면서 왜 내 자녀는 찬밥 신세인가? 곰곰이 따져보니 그 원인은 부모에게 있었다. 학원에선 공부 잘하는 학생들을 특별 관리하여 일류대에 보내고 자기 학원을 선전한다. 예를 들어 A학원에선 서울대 100명, B학원에선 서울대 50명, C학원에선 서울대 10명을 진학시켰다는 식이다. 우등생 자녀를 둔 부모는 당연히 A학원을 선택한다.

우등생이 아닌 자녀를 둔 부모는 어떤 학원을 선택할까? 자녀의 서울대 입학이 불가능하다는 걸 알면서도 A학원을 선택한다. 일류대 합격생을 많이 배출한 학원에 보내면 내 아이가 저절로 공부를 잘할 거라고 착각하기 때문이다. 일류대는 못 가도 이류대는

가지 않을까 헛된 기대를 품는다. 최소한 다른 학생들이 열심히 하는 모습 정도는 배우겠지 하며 위안 삼는다. 그러니 A학원만 미어터진다. A학원은 우등생을 많이 뽑고 일류대에 대거 입학시킨다. 악순환만 계속된다.

A학원에 자녀를 보내면 어떻게 될까? 수업 진도도 따라가지 못하고 주위의 공부 잘하는 친구에게 열등감만 느낀 채 찬밥 대우를 받다 어영부영 졸업한다. 우등생이 아닌 학생은 A학원에선 쓸모가 없다. 학원은 수업료만 꼬박꼬박 받을 뿐이다.

공부 못하는 학생을 뽑아 잘 가르쳐서 일류대에 보내는 것이 목표인 학원은 본 적이 없다. 우리나라의 교육 시스템에서는 공교육이건 사교육이건 간에 공부를 못하는 학생들은 부모의 돈을 축내는 존재일 뿐이다.

방법을 바꿔 우등생이 아닌 학생들만 모아놓은 학원에 자녀를 보내면 문제가 해결될까? 이런 학원은 대개 선생님들의 실력이 상대적으로 부족하고, 학생을 제대로 공부시키기 위한 방법론도 없다. 우등생들에게는 굳이 공부 방법을 가르칠 필요가 없다. 공부 내용만 던져줘도 알아서 잘 소화한다. 자신도 모르는 사이에 방법론이 몸에 배었기 때문이다.

최상위권이 아닌 학생은 다르다. 공부 방법을 체득하지 못한 상태라 내용을 쏟아부으면 감당을 못한다. 공부 방법을 익히도록 도와줘야 한다. 공부 잘하는 학생을 더 잘하게 만드는 것보다 공부 못하는 학생을 잘하게 만드는 길이 훨씬 어렵다.

학원들은 쉽게 돈 벌 수 있는 방법을 택한다. 대한민국 땅에는 못하는 학생을 잘하게 만드는 학원이 거의 없다. 공부를 못하면 이리 가서 치이고 저리 가서 치인다. 운이 좋거나 공부 머리가 뛰어나지 않고는 비참한 상황을 탈출할 수 있는 이가 많지 않다.

학부모나 학생 입장에서는 이와 같은 현실이 답답할 따름이다. 돈을 내는 만큼 사교육의 불공정한 시스템을 강하게 따져야 하는데 공부 못하는 학생이나 부모는 돈은 돈대로 쓰면서 목소리 한번 크게 못 내고 죄인처럼 산다. 이 얼마나 황당한 현실인가!

개인 과외는 사정이 좀 나을까? 학원의 시스템보다는 학생에게 도움이 되지만, 근본적인 문제가 있다. 수준이 천차만별이다. 학교나 학원은 기본적인 학습 시스템이 있다. 아주 특별한 곳에 보내지 않는 한 학교 간, 학원 간의 차이가 그리 크지 않다. 크게 성공시키지는 못한다 해도 학생을 아주 망치지는 않는다.

개인 과외는 다르다. 과외 선생의 능력을 검증하는 시스템은 그 어디에도 없다. 소위 '복불복'이라고 재수가 좋으면 성공하고 재수가 나쁘면 실패한다. 그렇다면 서울대 다니는 과외 선생에게 자녀를 맡기면 될까? 공부를 잘하는 것과 공부를 잘 가르치는 것은 다른 문제다. 본인과 다른 부류의 학생을 가르칠 때는 다른 접근법이 필요하다는 걸 모르는 과외 선생이 많다. 나도 일류대 출신 과외 선생을 몇 명 붙여 아들을 공부시켜보았지만 효과는 전무했

 진짜 공부 리스타트

다. 툭하면 시간을 옮기고, 조금 친해지니까 대충 시간만 채우는 경우도 있었다.

대한민국의 대다수 학생들이 많은 돈을 쓰면서도 제대로 교육받지 못하는 황당한 현실을 지켜보면서 역발상을 하게 되었다. '공부를 아주 잘하는 학생보다 잘하지 못하는 학생 수가 훨씬 많고, 수업료도 똑같이 내는데 공부를 잘하지 못한다고 대우받지 못할 이유가 무엇인가? 문제의 답을 찾자! 학생·부모의 노력과 대가에 보응하는 체계를 만들자!'

공부 잘하는 학생을 더 잘하게 만드는 방식이 아닌, 보통 수준의 학생들을 잘하게 만드는 방식을 제시해 이들을 변화시킬 방법을 모색하게 됐다.

공부법 베스트셀러의 함정

책을 쓰기로 결심한 후에 가장 먼저 공부 방법에 도움이 될 만한 책들을 찾아봤다. 생각보다 많은 책이 시중에 나와 있었다. 괜찮은 책이 있다면 굳이 내가 보탤 이유가 없다고 생각했다. 다행인지 불행인지 책을 쓰겠다는 내 결심을 접게 할 만한 책은 거의 없었다.

공부법을 다룬 책의 저자는 대부분 2가지 유형으로 구분된다. 우선 공부를 뛰어나게 잘해서 명성을 날린 학생이다. 하버드대, 스탠포드대 등 해외의 유수 대학에 입학하거나 최소한 서울대 단과대에 수석 합격을 했다. 소위 '공신(공부의 신)'으로, 이들이 쓴 베스트셀러가 수두룩했다. '공부가 제일 쉬웠다' '단 1시간도 허투루 보내지 않았다' '나는 초등학교 때부터 준비했다'는 식이다.

핵심 내용은 '초등학교 때부터 영어와 예능을 준비하라. 중학교 때는 과학고나 외국어고를 준비하라. 영어·수학은 방학 때 학원이나 과외 등을 다니면서 선행 학습으로 수준을 높이고, 고등학교에 들어가면 이를 기반으로 추가 과목들을 공략하면 일류대에 갈 수 있다' '국어는 이런 식으로 공부하고, 영어는 저런 식으로 공부하라' '문제집은 뭘 써라' 등이다. 보통 수준의 학생을 위한 방법이라기보다는 '최상위권 학생을 위한, 명문대 합격 방법'을 다루고 있다. 저자들은 대개 보통 수준의 학생도 가르쳐본 경험이 없는 친구들이다.

과연 공신들의 조언이 보통 수준의 학생에게도 효과가 있을까? 초등학교 때 영어 과외 한 번 받은 적 없고 해외 연수 경험이 없는 학생은 어쩌란 말인가! 외국어고나 과학고를 목표로 열심히 공부하지 않고 고등학교에 입학한 학생은 뭘 하라는 말인가? 우리 아이에게 물어보았더니 당연히 효과가 없을 뿐 아니라, 그 책을 사줘도 읽지 않을 거라고 했다.

'다른 사람을 가르쳐본 적이 없고 혼자서도 공부를 잘한 저자가 공부 방법과 환경의 수많은 요소 중에서 어떤 부분이 성적 향상에 핵심적으로 공헌하는지 끄집어낼 수 있을까?' 하는 의심이 들었다. 물론 공신의 책들은 최상위권 학생들에게는 자극제가 되고 도

 진짜 공부 리스타트

움이 된다고 생각한다.

또 하나는 전문가가 쓴 책이다. 학생들이 쓴 책은 대부분 개인의 체험에 기반하기 때문에 공부 방법을 일반화할 수 있는가는 미지수다. 전문가들은 나름대로 다양한 체험들을 종합해서 보통 사람에게도 적용할 수 있는 방법을 설명한다. 학생들이 쓴 책에 비해 훨씬 근본적인 문제와 치료 방법을 다루고 있다는 점에서 환영할 만하다. 그럼에도 불구하고 마찬가지로 특정한 학생들에게만 적용되는 기법에 집착하거나, 너무 일반적인 원칙만을 제시하는 등 심각한 문제점이 있다.

'누구나 서울대 갈 수 있다' '이렇게 하면 대한민국의 1%가 된다'…. 이 책들을 읽고 대한민국 학생 누구나 서울대나 의대에 갈 수 있다면 학교들은 다 문을 닫아야 할 것이다. 논리적으로 생각해보면, 학생들의 실력을 향상하는 데 꼭 전국 수석을 한 선생이 필요한 건 아니다. 히딩크가 세계 최고 축구 선수라서 명감독이 된 건 아니다.

보통 수준의 학생들을 가르치면서 많은 시행착오를 겪고 나름대로 방법론을 정립한 선생님이 쓴 책이 가장 바람직할 수 있다. 문제는 이런 선생님들이 적은 데다 유명한 사람이 거의 없기에 그런 책이 출판되지 않는다는 점이다. (한국에서 유명한 선생님은 공부 못하는 학생을 잘하게 만든 선생이 아니라 원래 공부 잘하는 학생을 가르쳐서 서울대에 많이 보낸 선생이다.)

왜 그럴까? 누가 책을 사고 누가 강의를 듣는지 생각해보자.

공부법 관련 책을 사는 사람은 성적이 보통 수준인 학생이거나 공부를 못하는 학생, 그들의 부모가 아니다. 반에서 2등, 3등을 하면서 1등 하고자 하는 학생, 반에서 1등 하면서 전교 1등을 목표로 하는 학생이다. 이들은 목표를 이룰 방법이 있다면 최선을 다해 찾는다.

오히려 중상위권 이하의 학생들은 책을 거의 안 산다. 이들은 기본적으로 책에 별 관심이 없고, 책을 공짜로 줘도 읽지 않는다. 그러니 중상위권 이하 학생을 대상으로 한 책을 내보았자 잘 안 팔린다. 최상위권 학생들을 위한 책만 잘 팔린다.

"중상위권 이하의 자녀를 둔 학부모들은 읽지 않겠는가?"라고 물을 수 있다. 이분들이야말로 자녀 수준에 맞는 책을 사고 자녀에게 맞는 선생을 찾아야 한다. 재미있는 건 이분들이 찾는 책이나 최상위권 학생의 부모가 찾는 책이 별반 차이가 없다는 점이다. 자녀의 성적과 상관없이 부모들은 '의대' '하버드대' '수석' '고시 3관왕' 등의 단어가 들어간 책을 산다. 자녀가 공부를 잘하지 못해도 그 책을 읽으면 내 아들딸도 그렇게 될 것 같은 환상에 빠진다. 똑같이 되지는 않더라도 최소한 근처에는 갈 거라고 생각한다.

아이에게 슬쩍 책을 건네주며 읽어보라고 한다. 좀 자극을 받으라는 뜻이다. 보통 수준의 자녀를 둔 나도 책을 살 때 똑같은 심정이었다. 그러나 아이들은 이와 같은 부모의 행동에 자극을 받기는 커녕 부담감과 열등감만 느낀다.

아무리 꿈을 크게 꾸어도 하버드대를 목표로 하는 학생들과 자신 사이에는 엄청난 수준 차이가 존재한다는 걸 잘 안다. 지금부터 맘 잡고 공부해도 하버드대 입학이 불가능하다는 것도 안다. 하버드대에 간 사람은 머리가 매우 뛰어난 데다 인내심을 타고났으며 어릴 적부터 자의든 타의든 공부에 훈련됐다는 것 또한 이미 파악했다. 자신이 하버드대에 가기 싫은 것이 아니라 가고 싶어도 안 되는 걸 어쩌란 말인가! 머리 좋은 친구들과 비교당하면서 사는 인생도 고달픈데 그들의 자기 자랑까지 돈 주고 사서 읽으라니…. 반항심만 솟구칠 따름이다.

행여 건질 게 있을까 하고 열심히 책을 들여다본 학생들도 "역시 나는 안 돼!" 하고 좌절하기 십상이다. 도대체 이들은 왜 이리도 자기 절제가 뛰어나고, 의지와 실행력 또한 강한지! 그들의 부모들은 어찌나 극성인지! 밥 먹고 공부만 해도 공부할 의지가 점점 더 생긴다니! 아무리 해도 그들을 따라잡기 힘들 뿐 아니라 설령 할 수 있다고 해도 그렇게 살고 싶지 않다는 생각이 들 것이다.

시장 상황만 감안한다면 나 또한 '신수정의 책을 읽으면 누구나 서울대에 가고 의대에 가고 고시에 합격한다!'는 책을 써야 할 것이다. 그러나 나는 이런 과장된 책을 쓰고 싶지 않다. 단지 보통 학생들이 공부 방법을 체득하여 상위권이 되고, 상위권이 최상위권이 될 수 있는 내용의 글을 쓰고자 한다.

나는 전문 교사는 아니지만 본의 아니게 누군가를 가르친 경험이 많다. 집안 형편이 넉넉하지 않아 고등학교 시절까지 내 방이 없었다. 그때를 떠올려보면, 집에서 공부한 기억이 거의 없다. 그럼 독서실? 아니다. 친구 집이다.

나는 공부를 잘했기 때문에 친구 집에 가면 친구 어머니들이 나를 대환영했다. 다행인지 불행인지 친한 친구들은 대부분 자기 방이 있었고 잘사는 편이었다. 그 덕분에 초등학교 때부터 나는 친구 집에서 공부했고, 친구들이 공부 습관 들이는 걸 도와줬다. 친구 어머니들은 수시로 간식을 만들어주었고, 친구의 방도 넓어 공부하기에 좋았다. 잠시 친구의 공부를 봐주는 시간 외에는 스스로 구속하고 공부할 수 있으니 나로서도 좋은 기회였다. 나도 친구도 상생하였다.

중3 때는 아예 한 친구 집에서 살다시피 했다. 그 친구는 내가 가르쳐주는 것을 녹음하고, 혼자 있을 때는 그것을 들으면서 공부했다. 그 결과, 반에서 중간 수준이던 친구의 성적이 5등 안에 드는 기염을 토했다. (그 당시 한 반 정원이 약 80명이었던 점을 감안하면 지금의 5등과 차원이 다르다.)

대학 시절부터는 본격적으로 아르바이트를 하기 시작했다. 집이 부유하지 않은 터라 용돈을 스스로 마련할 수밖에 없었다. 이러저러한 사람들의 소개로 다양한 학생들을 가르쳤다. 정말 뛰어난 학생, 잘하는 학생, 중간 수준의 학생, 못하는 학생, 억지로 부모에게 끌려온 학생도 있었다. 과외를 받은 학생 중에는 서울대에 간 학생도 있고, 지방 대학에 간 학생도 있다.

초기에는 방법이 미숙해 내 기준대로만 학생들을 가르쳤다. 모두 똑같은 방식으로 가르쳤다. 그간의 노하우로 어느 정도 성과를 거뒀지만, 학생들을 감동시킬 만한 실력은 아니었다. 시간이 지나면서 학생의 수준에 따라 접근 방법이 달라야 한다는 점을 깨달았다. 정형화된 방법은 아니지만 나름대로 방법을 습득한 후에는 과외 선생으로서 인기가 높아졌다. 학생을 가르치는 일 자체는 즐거웠지만 다른 관심사가 많아 과외는 절대 2개 이상 하지 않았다.

방학에만 단기 집중 과외 형태로 2~3명을 가르쳤다. 그럼에도 큰 효과를 거두었고 입소문이 났다. 효과를 본 학부모가 다른 학부모를 소개해줬고, 그들의 부탁에 어쩔 수 없이 직장에 다니면서도 주말에 과외를 하는 상황에까지 이르렀다. 본격적으로 벤처 사업에 뛰어들어 시간과 여력이 없어진 35세까지 과외를 병행했다. 직장에서 잘나가지 않았다면 아마 과외 선생이나 학원 선생으로 성공했을 것이다.

1등, 2등을 하는 최상위권의 학생들은 이미 공부 습관이 몸에 배고, 공부 방법도 체득한 상태다. 최상위권 학생에게는 개념을 정제해서 전달하고 약한 곳을 보강하고 막힌 곳을 뚫어주는 것으로 충분하다. 진도를 빨리 나가도 평소에 열심히 하기 때문에 알아서 따라와주었다. 과외 시간 외 평소 생활에 대해서는 전혀 신경 쓰지 않아도 되었다. 그만큼 과외하기가 수월했다. 문제를 몇 개 내주고 나는 딴짓을 해도 그 효과는 컸다. 학교 선생님이나 과외 선생님, 학원에서는 이런 학생을 환영할 수밖에 없다.

그러나 보통 학생에게 최상위권 학생과 동일한 방식으로 가르치면 망한다. 막힌 곳을 뚫는 방식은 보통의 학생들에게는 별 효과가 없다. 풀린 곳보다 막힌 곳이 훨씬 더 많기 때문이다.

보통 학생의 눈에는 과외 선생님이 숙제만 내주고 노는 것처럼 보인다. 부모도 그런 이야기를 들으면 불만스러울 것이다. 그렇다고 지식을 머릿속에 때려넣는다고 실력이 늘지는 않는다. 기본적으로 공부 습관이 몸에 배지 않고 스스로 공부하는 방법도 체득이 되지 않았기 때문에 1~2시간 열심히 지식을 주입해봐야 크게 효과가 없다. 이들에게는 인내심을 가지고 공부 방법을 알려주고 작은 성취감을 지속적으로 안겨주어야만 성과가 있다.

공부를 잘하는 선생은 공부를 못하는 학생을 이해하지 못한다. 돈 받고 하는 일이니 겉으로는 웃으면서 학생을 대하지만 속으로는 '나는 금방 푸는데 너는 왜 이리 헤매냐? 이 답답한 것아' 하고 되뇐다. "나는 이렇게 해서 공부를 잘했는데 너는 왜 못하냐?"는 식으로 자기 방식을 강요하기도 한다. 마치 프로 선수가 아마추어 선수에게 "자, 나처럼 해봐" 하고 시범을 보이면서 "그것도 못해?" 하고 타박하는 것과 같다. 그래서 훌륭한 선수가 훌륭한 지도자가 되지 못하는 경우가 많다고 한다. '나는 왕년에 이렇게 했는데' '나는 이 방법으로 성공했는데'라는 생각으로 기본과 자질이 미흡한 선수에게 강요만 하면 선수는 좌절감만 느낄 뿐이다.

공부를 못하는 학생들도 저마다 타입이 달라 동일한 방식을 사용하면 안 된다. 공부를 못하지만 하고자 하는 의욕이 있는 학생과 공부도 못하고 의욕도 없는 학생은 가르치는 방법이 달라야 한다. 전자는 잘 도와주면 희망이 있지만 후자는 변화시키기가 매우 힘들다.

후자에게는 1~2시간 핵심 내용만 알려주는 방법이 별 효과가 없다. 그 시간 외에는 공부를 하지 않기 때문이다. 후자에게는 공부를 하고자 하는 의욕이 생기게끔 인생 상담에 시간을 많이 할애해야 한다.

전자에게는 성취감을 불러일으켜주고 공부를 지속할 수 있도록 도와줘야 한다. 쉬운 일은 아니다. 선생의 입장에서는 일이 더 늘어나는 셈이다. 과외 시간뿐 아니라 평소 생활에서도 공부 방법이 정착될 수 있도록 신경을 써야 하기 때문이다.

가르치는 사람에게는 인내심과 부드러움이 필요하다. 경험이 많은 노련한 전문가가 아니면 이런 학생들을 변화시키기 어렵다. (누가 똑같은 학원비나 과외비를 받고 이런 학생들을 가르치기 좋아하겠는가!) 당연히 이런 학생을 둔 부모가 적합한 과외 선생을 만나기란 하늘의 별 따기다. 검증할 방법도 없다. 일류 대학생이라는 타이틀 말고는 선택의 여지가 없다.

결국 과외 선생을 자의 반(부모 맘에 들지 않고 성과가 없어서 변경함) 타의 반(선생 스스로 포기하여 그만둠)으로 바꾼다. 돈을 들여도 효과가 나지 않으니 자금이 부족한 집은 아예 포기한다. 형편이 더 좋은 집은 효과는 없지만 심리적 안정을 위해 대책 없이 지속하는 경우가 대부분이다. 불행하게도 대한민국 학생의 80~90%가 여기에 해당된다. 소위 SKY 대학에 가는 최상위권은 대한민국 학생의 10%에 못 미친다. 실제로 도움이 필요한 대상은 대한민국의 보통 학생들인데, 이들을 도와주는 시스템과 선생님은 거의 없다고 해도 과언이 아니다.

나는 IT 분야 컨설턴트와 대학 교수를 겸임하면서 학생에서 직장인으로, 중고등학생에서 대학원생으로 대상이 바뀌었을 뿐 계속 가르치는 일을 해왔다. 직장을 다니면서도 어려운 내용을 아주 쉽게 가르치는 사람으로 명성을 얻었다. 많은 사람을 가르치면서 느낀 건 대다수의 학생이나 직장인이 공부의 기본이 되는 개념과 원리를 명확히 이해하지 못하고 있다는 점이다. 또 전체적인 그림과 구조를 보지 못하고 세부 사항에만 빠져 공부한다. 이 2가지 문제를 보완하면 획기적으로 진보한다는 사실을 발견했다.

개념과 원리는 단순하지만, 이를 기반으로 여러 가지가 파생된다. 그러므로 연습과 약간의 반복으로 기반을 잘 다지면 다른 문제도 해결된다. 기반이 부실한 상태에서 문제만 열심히 풀거나 내용을 열심히 외우는 건 소용없다. 전체 구조를 보지 못한 채 공부하면 머릿속에 내용을 체계적으로 입력할 수 없고 오래 기억할 수 없다. 즉, 공부 방식을 근본적으로 바꾸지 않으면 노력에 대비해 충분한 효과를 거둘 수 없다.

결국 선진 학자들이 쌓아놓은 공부 원리 위에 나 자신의 공부 경험과 다양한 사람들을 가르친 경험을 더하면 학생들을 제대로 도울 수 있는 방법을 제시할 수 있다는 확신이 들었다.

평균성과 다양성의 허와 실

《학문의 즐거움》의 저자인 헤이스케 교수가 일본식 교육과 미국식 교육의 차이를 이야기한 바 있다. 여기에서 '일본식'을 '한국식'으로 바꾸어도 별 무리가 없을 것이다.

한국식 교육은 평균성에 역점을 두지만 서구식 교육은 다양성에 역점을 둔다. 개인의 개성을 중시하며 각자의 소질과 목표를 중시하는 것이 서구식 교육이다.

물론 서구식 교육이 장점만 있는 것은 아니다. 뛰어난 인력은 더욱 뛰어나게 만들지만 학문을 목표로 하지 않는 학생들에게는 지나치게 자유를 준다. 학생들의 전체 평균만 놓고 따지면 한국의 교육 수준이 미국보다 더 높다. 미국 학자들도 자국의 교육을 상당히 우려하고 있다. 소수의 뛰어난 인력도 필요하지만 사회에서는 여전히 다수의 중상급 인력이 필요하기 때문이다.

서구식 교육에서는 하나의 현상을 하나의 시각으로 해석하게 하지 않는다. 다양한 관점에서 생각해보고 새로운 것을 창조하도록 요구한다. 그러나 한국식 교육은 하나의 현상을 정해진 시각으로 똑같이 보게 한다. 독특한 자기만의 시각이나 다른 시각으로 문제를 보지 않고 정해진

답을 기준으로 문제를 보라고 한다.

서구식 교육의 주요 요소는 토론과 발표다. 우리나라는 선생님이나 선배의 말씀을 법으로 생각하여 토론과 논쟁을 꺼린다. 그 결과 미국에서 뛰어난 실력의 소유자는 세계적으로도 뛰어나다. 창조력과 표현력, 논리력 등 모든 것을 어릴 적부터 훈련했기 때문에 학문, 예술, 경영 등의 영역에서 우리나라 학생이 따라잡기는 쉽지 않다.

그러므로 한국에서 공부를 잘한다고 해서 한국 교육 시스템에 만족해서는 안 된다. 한국 학생들은 논리력이나 비판력, 창의력에서는 비슷한 성적의 서구 학생들에 비해 상당히 뒤처져 있을 가능성이 높다. 공부에 관심 없는 학생이라면 한국에서 태어난 것에 감사하라. 한국의 교육 시스템은 공부에 관심 없는 학생에게도 기본은 갖추게 해줄 것이다.

한국에서는 '입시' 위주로 공부한다. 초점이 입시에 맞추어져 있다. 입시와 관련 없는 과목은 쳐다보지 않는다. 그래서 학생 시절에 다양한 소양을 쌓지 못한다.

일생이 고등학교 때 약 90% 결정된다. 아주 어렸을 적부터 개개인을 구분한다. 고등학교 때 방황했지만 나중에 정신 차린 사람에게는 기회가 없다. 고등학교 때 방황하고 알려지지 않은 지방 대학교에 갔다가 나중에 하버드대에 간 오바마 같은 사람이 대한민국에서 나오기는 거의 불가능하다.

그동안 한국식 교육은 산업화 시대에 적합한 교육 방식이었다. 우리나라는 평균 이상의 고급 인력을 대량 생산하는 산업(제조·건설 등)에 치중했고, 평준화된 교육은 사회 요구에 적합한 인력들을 배출했다.

지금까지의 한국식 교육이 나빴다고만은 생각하지 않는다. 하지만 지금의 지식 산업에서는 다양한 시각이 필요하다. 조금 더 창조적인 인물이 필요하다. 한국의 교육은 변해야 한다. 한국식 교육을 버려야 한다는 뜻은 아니다. 우리 교육 방법에도 큰 장점이 있었다. 한국식 교육의 장점인 강한 교육열에 서구식 교육의 장점을 잘 접목해야 할 것이다.

1

기본 멘토링
공부, 그 생존의 법칙

자동차는 엔진이 생명이다. 엔진 성능이 좋으면 좋을수록 연료 대비 속력을 높일 수 있다.

마찬가지로 공부 방법을 효율적으로 개선하면 남과 똑같은 시간을 투자해도 더 나은 성적을 거둘 수 있다.

그러나 최고의 엔진을 장착해도 기름이 없으면 차는 굴러가지 않는다. 효율적인 공부 방법을 배워야 하는 건 분명하지만 이것만으로 저절로 공부를 잘하게 되는 건 아니다.

“공부가 왜 필요해요?”

“열심히 공부한다고 해서 반드시 성공하는 건 아니잖아요?”

“전 대학에 안 가고도 보란 듯이 돈을 많이 벌 거니까 공부는 안 할 거예요.”

철없는 학생들이 많이 하는 말이다. 공부는 고등학교 때까지만 하는 것이고 그 이후로는 필요 없다고 생각하는 사람도 많다. 어른이라면 알 것이다. 공부는 평생 필요한 것임을…. 우리나라에서는 입시와 공부가 거의 동일어다. 그래서 공부는 고등학교 때까지만 열심히 하면 된다고 생각한다. 반면 좋은 대학에 갈 생각이 없다면 공부할 필요가 없다고 여긴다. 아예 대학에 가지 않겠다고 마음먹으면 공부는 남의 일이 된다.

공부는 사고 방법을 알려준다

공부는 고등학교에서 끝나지 않는다. 대학에 들어간 후에도 계속된다.

미국 등에서는 고등학교 시절까지는 비교적 여유롭게 공부하다가 대학에 가면서 공부량이 폭발적으로 증가한다. 고등학교 때까지는 기본 교양을 배우지만 대학에서는 본격적으로 전문 지식을 배워야 한다고 인식하기 때문에 교육의 강도가 높아진다. 지금은 많이 나아졌다고 해도 우리나라 대학생들은 공부를 잘 안 한다. 그전까지 공부 스트레스에 시달린 탓에 대학에 가면 풀어져서 술과 낭만(?)으로 시간을 보낸다.

그럼 대학을 졸업하면 공부에서 해방되는가? 그렇지 않다. 취직하기 위해서 공부해야 한다. 이런저런 자격증을 따고, 영어를 배워야 한다. 취직을 하면 끝인가? 업무에서 성과를 내야 하므로 오히려 더 치열하게 공부한다. 관련 업무를 익히고 해외 자료들도 읽고 다양한 내용을 분석해야 한다. 제대로 공부하지 않으면 경쟁에서 뒤처지고 승진이 더뎌진다. 대학 입시만큼 큰 스트레스를 느끼는 곳이 직장이다. 퇴근 후에도 많은 직장인이 영어 학원에 가고 대학원에 들어가는 등 다양한 방법으로 공부한다.

대학에 안 들어가면 공부하지 않아도 되는가? 세상에 공부하지 않고 구할 수 있는 직업은 거의 없다. 어떤 일을 하건 간에 공부는 필요하다. 자동차 정비사가 되기 위해서는 자격증을 따야 한다. 전기 공사도 마찬가지다.

시간이 지나면 깨닫게 되겠지만 뭘 배우느냐가 중요한 게 아니다. 나 또한 고등학생 때 배운 지구과학이나 사회 과목의 지식을 지금껏 써본 적이 없다. 박사 과정을 준비하면서 공부한 수많은 지식도 직장에서 전혀 사용하지 않는다. 고등학교 때까지 배운 지식 중 대학에서 필요한 건 그다지 많지 않다.

이런 이야기를 하면 반문하는 학생이 있을 것이다. "그럼 왜 대학이나 사회 생활을 하는 데 쓸모 없는 지식을 중고등학교 때 배워요? 안 배우는 것이 더 효율적이겠네요?"

내용 측면에서만 보자면 '맞다.' 그러나 공부에서 내용보다 더 중요한 건 공부하는 법, 즉 사고하는 법이다. 공부란 지식을 넓히는 것만을 의미하지는 않는다. 공부하는 방법을 체득한다는 뜻도 된다. 논리적으로 사고하는 법을 몸소 체험하는 것이다.

미분, 적분, 확률 따위를 직장에서 활용하는 사람은 대한민국 국민의 1%도 안 될 것이다. 수학을 잘한다는 건 미분이나 적분을 잘 이해한다는 의미가 아니다. 수학을 배우고 익히다 보면 어느새 문제를 논리적으로 해결할 수 있는 방법을 자신도 모르게 체득한다는 뜻이다. 다른 문제에 부딪혔을 때도 다른 사람보다 논리적으로 문제를 해결하게 된다.

한국사도 마찬가지다. 한국사 시간에 배운 내용 중 지금까지 기억나는 것이 거의 없다. 그 내용을 직장에서 써본 적도 없다. 그러나 한국사를 열심히 공부하면서 나도 모르게 어떤 사실들의 흐름을 정리하고 체계화하여 이해하는 훈련을 했고, 그 내용은 모두 잊었지만 학습 방식은 그대로 남아서 다른 공부를 할 때 수월하게 할 수 있다.

방식의 차이가 우등생과 열등생을 가른다

공부하는 법을 잘 익혀놓으면 평생 편해진다. 한 영역에서 뛰어난 사람은 다른 영역도 잘한다. 마치 하나의 게임을 잘하는 학생이 새로운 게임이 나오면 게임 요령을 금방 습득하는 이치와 같다. 내용만 바뀔 뿐 방식은 거의 동일하기 때문이다.

공부에서의 핵심은 어떤 지식을 배우는가를 보는 '내용'이 아니라 지식을 어떻게 이해하고 소화하는가를 보는 '방식'이다.

학창 시절에 공부를 잘한 학생은 갑자기 심경의 변화를 일으켜 게으름을 피우지 않는 이상 대학에 가서도 공부를 잘하고 사회에 나가서도 회사 업무를 금방 파악하고 자격 시험도 잘 본다. 공부 방식을 체득하고 몸에 익혔기 때문이다.

나는 대학생과 대학원생, 직장인들을 가르치면서 이들이 뒤늦게 후회하는 모습을 많이 보았다. 공부에 숙달된 사람이 1시간이면 이해할 내용을 숙달되지 않은 사람은 이해하는 데 하루 종일 걸린다. 더 많은 시간을 노력해야 하고 더 많은 고통을 당해야 한다. 학창 시절에 공부하지 않고 놀던 시간은 결국 다 토해내게 되어 있다. 이러한 이유 때문에 학생들에게 열심히 공부하라고 강제할 수밖에 없는 것이다.

그러나 학생들은 자기의 미래를 모르기 때문에 말을 듣지 않는다. 나이가 들어서야 비로소 깨닫는다. 악순환의 역사가 계속되는 것이다. 공부건 운동이건 간에 늦은 나이에 시작하면 시간과 노력이 훨씬 많이 든다. 젊어서 시작할수록 더 빨리 효과가 나타난다. 벌써 고3이라고? 염려하지 말라. 늦었다는 그때가 바로 가장 빠른 때다. 고3 때 포기하면 서른 살이 되어서도 똑같이 후회한다.

평생 해야 하는 것이 공부다. 젊어서부터 열심히 공부하면, 공부 방법이 몸(실제로는 뇌)에 익어 다른 어떤 공부를 해도 남보다 편하게 잘할 수 있다. 이 얼마나 공평한 법칙인가? 학창 시절 마냥 놀기만 하고 공부하는 법을 익히지 않은 학생이 직장에서 마음을 다잡고 자격증 공부를 하려면 매우 힘들 것이다.

학창 시절에 보낸 1시간이 직장 생활에서는 10시간에 해당한다. 학창 시절의 우등생이 자격증을 획득하기 위해 1시간을 공부하고 나머지 시간을 여유롭게 보낸다면, 그렇지 못한 누군가는 후에 10시간을 공부해야 한다.

배움 자체가 인생의 행복

지금까지는 소극적인 관점에서 공부의 필요성에 대해 이야기했다. 이제 적극적인 관점에서 살펴보자.

사람은 삶의 과정마다 배움에 직면하게 된다. 단지 먹고살기 위해, 시험을 치르기 위해 배우는 것만은 아니다. 즐거움과 행복을 위해 배우는 사람도 많다. 나이가 들수록 이러한 경향이 자주 나타난다. 무언가 배우고 알아가면서 기쁨을 누린 경험이 누구나 한 번쯤은 있을 것이다. 책을 통해 새로운 것을 알아가고 다른 사람과 경험을 공유하는 일은 인생의 크나큰 기쁨 중 하나다.

우리의 인생은 길다. 나이가 들수록 여유 시간 또한 많아진다. 내게 주어진 수많은 시간을 무슨 일을 하며 기쁨과 행복을 누리겠는가? 노는 건 한계가 있고 돈도 많이 든다. 허구한 날 TV만 보거나 등산을 다닐 수도 없다. 평소 공부에 숙달되고 독서를 취미로 삼은 사람은 자신의 시간을 배움의 기쁨으로 채워나갈 수 있다.

책을 싫어하거나 공부를 꺼렸던 사람은 나이가 들어서도 책을 읽지 않고 공부하지 않는다. 평생 배움의 기쁨과 행복을 누리지 못한다. 얼마나 안타까운 일인가! 책과 공부를 좋아하는 사람은 정년퇴임을 하고도 시간을 즐길 수 있고 심지어 교도소에 가서도 즐겁게 지낼 수 있다. (김대중 전 대통령은 교도소에서 수많은 책을 읽고 인생을 재충전했다고 한다.)

배움에는 기쁨이 있고, 기쁨을 넘어선 행복이 있다. 공부는 중고등학교 시절만 보면 고통이지만, 인생 전체를 두고 내다보면 충분히 습득하고 습관화할 만한 가치가 있다.

공부 잘하는 것과 시험 잘 보는 것의 차이

공부를 잘한다는 것은 무슨 뜻인가? 대다수의 사람은 공부를 시험과 동일하게 여긴다. 명문대에 가거나 학교·학과의 시험 성적이 뛰어나거나 고시에 합격하거나 각종 시험에서 최고점을 기록하면 공부를 잘한다고 말한다.

엄밀히 따지면 공부를 잘하는 것과 시험을 잘 보는 것은 다르다. 공부는 '과정'이지만 시험은 '결과'다. 과정이 좋으면 당연히 결과가 좋을 것이라고 생각하지만 반드시 그렇지만은 않다. 또한 성격이 다양한 시험 중에서 어느 시험 하나를 잘 치렀다고 해서 그 사람이 공부를 잘한다는 것을 입증하기는 어렵다.

학교 시험의 출제 경향을 살펴보자.

과거에는 암기력 위주의 문제가 많이 출제됐다. '임진왜란은 몇 년도에 일어났는가?' '조선의 3대 왕은 누구인가?' 유의 문제다. 시간이 지날수록 통합력을 묻는 문제가 자주 나온다. '삼국시대와 조선시대 농경 방식의 차이점은 무엇인가?'와 같은 형식의 문제다. 전자에서 높은 점수를 받은 학생과 후자에서 높은 점수를 받은 학생 중 누가 더 공부를 잘하는 학생일까?

어떤 학생은 수학은 굉장히 잘하는데 다른 과목에는 관심이 없어 성적이 형편없다. 이 학생은 공부를 잘하는 학생일까, 못하는 학생일까? 어떤 사람은 창의력은 뛰어난데 암기를 싫어하고 어려워한다. 암기 중심의 중고등학교 시험 및 대학 시험의 점수는 형편없었지만 대학원에서 세계적으로 뛰어난 논문을 썼다. 이 사람은 공부를 잘하는 사람일까, 못하는 사람일까?

'공부를 잘한다'를 정의하는 건 생각 외로 쉽지 않다.

우등생도 급수가 다르다: 우등생의 단계별 유형

'공부를 잘한다'는 것에는 4가지 단계가 있다.

1단계의 공부 실력을 테스트하는 문제도 이런 것이다. '고려시대 세 번째 왕은 누구인가?' 'LOVE는 한국말로 무엇인가?' 조금 더 복잡하게는 'IMF는 무엇을 하는 기구이며 어떠한 일을 해왔는가?'가 해당된다. 정답이 명확한 문제다.

1단계 문제는 시간을 많이 투자하면 대부분 해결할 수 있으며

- **1단계** 주어진 지식을 잘 외워서 단편적인 물음에 답한다.
- **2단계** 주어진 지식을 구조적으로 이해하고 종합·연계하여 어느 정도 답
  이 정의된 문제를 능숙하게 해결한다.
- **3단계** 소화한 지식을 기반으로 문제를 분석하여 그 원인을 찾고 개선 방
  안을 제시한다. 또한 자신이 새로운 문제를 도출하고 정의한다.
- **4단계** 창의적으로 사고하고 접근하여 주어진 문제를 근본적으로 해결한
  다. 나아가서 파격적인 문제를 스스로 제시하고 해결한다.

암기력이 뛰어난 사람에게 유리하다. 각종 퀴즈 대회에서 1위를 하는 사람은 1단계의 고수라고 할 수 있다. 그러나 1단계만으로는 최고 대학에 가거나 어려운 시험에 합격하기는 어렵다.

2단계의 공부 실력을 테스트하는 문제는 단순 암기로는 풀 수 없는 유형이다. '고려시대와 조선시대 농사 방식의 차이점은 무엇인가?'가 그 예다. 'IMF는 무엇의 약자인가?'를 묻는 게 1단계라면 'IMF는 세계에 어떤 공헌을 했으며 역효과는 무엇인가?'는 2단계다. 여러 지식을 연결하고 약간의 분석을 요구한다.

2단계의 문제는 단순히 시간을 많이 투자한다고 해결되지 않는다. 뛰어난 암기력만으로도 부족하다. 중고등학교 및 대학교에서는 2단계 수준에만 이르러도 우등생이 될 수 있다. 대입 수능에서는 2단계의 실력을 테스트하는 문제가 객관식이나 주관식으로 나온다. 대학 과제들도 대부분 이러한 유형의 문제다.

1단계의 수준까지는 아니지만 2단계도 정답이 어느 정도 명확

진짜 공부 리스타트

하다. 2단계까지만 잘해도 좋은 대학에 들어가는 데 문제가 없으며 대한민국의 웬만한 시험에도 합격할 수 있다. 그러나 뛰어난 학자나 과학자, 경영자, 공학자가 되기는 어렵다.

3단계의 문제를 예로 들면, '고려시대와 조선시대 농사 방식의 차이점을 가져온 근본 원인은 무엇이고, 정책자들은 무엇을 개선했는가? 이를 통해 현대 농업 정책의 시사점을 찾아보자' '현재 IMF의 역효과가 있다면 그 원인이 무엇이고 이를 개선할 수 있는 체계는 무엇인가?'가 해당된다.

어떤 사실들을 비교·분석하는 데 그치지 않고, 그 사실 뒤에 숨어 있는 원인들을 파악하고 대책을 모색한다. 석사 과정이나 박사 과정에서는 대부분 이러한 문제 해결을 요구한다.

더 높은 교육 과정일수록 제시된 문제를 해결하기보다 나름대로 현상을 분석하여 개선해야 할 문제를 스스로 정의하고, 다른 사람과 차별화한 방식으로 문제를 해결해야 한다. 이러한 문제는 정답이 명확하지 않다. 3단계 정도의 실력이면 괜찮은 학자나 과학자, 뛰어난 경영자, 공학자가 될 수 있다. 그러나 세계적인 학자나 과학자가 되기는 쉽지 않다.

4단계의 문제는 3단계와 비슷하다. 차이가 있다면 3단계 능력을 지닌 사람은 점진적인 개선 정도의 답을 내지만 4단계 능력을 지닌 사람은 다른 사람은 생각하지 못한 획기적이고 창조적인 답을 낸다.

과거에 어느 누구도 지구가 회전한다고 생각하지 않았지만, 한 과학자가 지구가 정지된 상태라면 이해할 수 없는 많은 사실들을 분석하여 결국 지구가 돈다고 결론을 냈던 것처럼, 4단계 능력을 지닌 사람은 대다수가 당연하게 받아들이는 통념조차도 바꾸고 다른 각도에서 문제를 해결한다. 이 단계의 사람은 누군가 제시한 문제를 해결할 뿐 아니라 스스로 문제를 만들고 스스로 해결한다. 그것도 아주 파격적으로.

물론 아인슈타인이나 레오나르도 다빈치 같은 천재만 4단계에 이를 수 있는 건 아니다. 아인슈타인이나 다빈치는 4단계에서도 최고의 위치에 속한다. 4단계도 범위가 넓다. 세계에서 4단계까지 훈련되고 문제를 해결하는 사람이 적지 않다.

명문대 합격, 2단계로도 충분하다

대학 입시를 준비하는 학생이라면 1~2단계의 실력을 지닌 것 만으로도 충분하다. 중고등학생 레벨에서 공부를 잘한다는 의미 는 특정 지식들을 잘 소화하고 유사한 문제를 빠르게 해결할 수 있다는 것이다. 이러한 훈련이 잘된 학생은 좋은 점수를 획득할 수 있다. 어쩌면 많은 학생이 치르는 입시의 한계이기도 하다.

세계적인 경쟁력을 갖추려면 4단계에 근접한 실력을 갖춰야 한 다. 그러나 우리나라에서는 4단계 훈련이 없다. 수많은 학생과 교 수를 만났지만 4단계 수준에 근접한 인력은 거의 보지 못했다. 박

 진짜 공부 리스타트

사 학위 논문을 준비하면서 세계적인 학자들의 연구 결과를 보고 뼈저리게 느낀 점은 우리의 교육 체계와 평가 시스템이 세계적인 학자와 경영자 등을 배출하기에는 갈 길이 멀다는 것이다.

나 자신 또한 누구에게도 뒤지지 않는다고 생각했지만 세계적인 학자들의 연구 방식과 결과를 보고 내 한계를 절실히 깨달았다. 세계적인 학자들이 빵 덩어리를 다루고 있다면 나는 빵 부스러기를 붙잡고 개선하는 수준밖에 안 된다. 세계적인 학자 가운데에는 타고난 천재도 있지만 대개는 그와 같은 사고들을 훈련할 수 있는 교육 환경이 뒤따랐다.

대한민국 최고의 수재들이요, 공부의 천재들이라고 인정받는 서울대나 KAIST의 교수들이 그저 그런 논문들을 남발해온 데 대해 서남표 KAIST 전 총장은 교수들에게 "기존 문제의 해결 방법을 약간 향상시킨 아이디어 수준의 논문을 다량으로 쓰지 말고, 단 한 편이라도 창의적인 사고를 통해 기존의 문제 해결 방법을 획기적으로 향상한 세계적인 논문을 써야 한다"고 주장하였다. 논문 한 편을 쓰더라도 교과서에 실리거나 인류에 공헌할 정도의, 어느 학자든 기억할 수 있는 논문을 쓰라는 것이다. 맞는 말이다!

대한민국의 공부 천재들이 모인 일류 대학 교수들조차 그동안 승진을 위한 그저 그런 논문들을 생산했고, 논문 평가가 허술한 대학의 교수들은 더더욱 허접한 논문들을 써왔다. 창조적이고 획기적인 논문을 쓰려면 4단계 공부 훈련이 되어야 한다. 그러나 우리나라에서 '공부의 신'이라 불리는 사람들조차도 2~3단계에 머무르고, 대학의 교수 평가 기준도 그 수준에 맞추어져 있어 개인이 2~3단계를 뛰어넘기 위해서는 뼈를 깎는 노력을 해야 한다.

현재 우리나라는 교육 여건이 매우 열악하다. 입시 시스템에서는 정형화된 문제를 빠르게 해결하는 2단계 수준의 인력을 최고로 평가하고 이런 사람들이 최고 대학에 간다. 그러므로 대학에 수석 입학해서 '공신' 소리를 들으며 자신이 세상에서 제일 잘난 듯 이야기하는 학생들이 앞으로도 공부를 잘하고 세계적인 공헌을 할 수 있는 사람들이라고 결론 내리기는 쉽지 않다.

제한된 시간에 주어진 문제를 빠르게 해결하는 능력이 입시에서는 가장 중요하지만, 실제 학문의 세계에서 뛰어난 연구를 하기 위해서는 하나의 문제에 시간을 투자하면서 지치지 않고 도전하는 인내가 더 중요하다. 입시 시험은 문제가 정형화되어 있고 해답이 반드시 있지만 현실에서는 그렇지 않은 경우가 더 많다.

물론 지금의 입시 제도와 교육 방식이 문제만 있는 것이 아니다. 분명히 장점도 있다. 불행 중 다행으로 둔재를 거의 만들지 않는다. 서구식 교육은 잠재성이 있는 인력은 뛰어나게 키울 수 있지만 학문을 목표로 하지 않는 학생들에게는 지나치게 자유를 주는 경향이 있다. 즉, 둔재가 많이 양산될 위험이 있다. 한국식 교육은 많은 자유를 허락하지 않기 때문에 오히려 학생들의 수준이 전반적으로 서구보다 높은 편이다.

 진짜 공부 리스타트

자신이 뛰어난 능력의 소유자가 아니라면 정말 기쁜 소식을 알려주겠다! 역으로 말하자면 보통 수준의 학생들에게 대한민국의 평가 시스템은 나쁘지 않다.

입시 평가 체계가 2단계 수준이므로, 굳이 천재나 수재일 필요가 없다. 보통 학생도 책에서 제시하는 방법을 잘 따르면 어렵지 않게 성공할 수 있다. 시험에서 재능이나 자질을 묻지 않으므로 생뚱맞거나 창의력을 요구하는 문제는 나오지 않는다. 기발한 상상력을 요구하는 문제는 더더군다나 아니다.

입시에는 정해진 범위가 있고, 정해진 범위의 내용을 잘 숙지하고 응용할 수 있는가를 테스트한다. 그러므로 머리가 약간 나빠도 가능성은 충분하다. 공부 방법을 잘 습득하고 시간을 투자하면 대다수가 좋은 대학에 갈 수 있다.

사실 1단계부터 4단계까지의 공부 방법은 공통점도 많지만 차이점도 있다. 이 책은 1단계나 3~4단계의 공부 방법에 중점을 두지 않는다. 2단계 공부 방법에 초점을 둔다. 2단계만 익혀도 좋은 대학에 진학할 수 있다.

어떻게 공부해야 시험을 잘 치를 수 있을까? 공부에 대한 대표적인 오해 몇 가지를 정리하면서 함께 생각해보자.

오해 1. 무조건 시간을 많이 투자하라?

공부에 대해 가장 크게 오해하는 부분이다. 흔히 무식하게 공부하면 뛰어난 성적을 거둘 수 있다고 확신한다. 때로는 필요한 방법이지만, 열심히 공부한다고 다 좋은 결실을 맺는 건 아니다. '열심히' 한다고 해서 '잘'하는 것이 아니다.

열심히는 하는데 결실이 나지 않는 학생을 보면 안타깝다. 밤을 새고 쉴 틈 없이 공부하는데 성과가 나지 않는다. 반면 어떤 학생은 놀면서도 좋은 성적을 받는다. 후자 중 일부는 태어나면서부터 머리가 비상한 사례도 있지만 이런 경우는 소수다. 성적 차이는 대부분 머리 탓이 아니다.

일반적으로 시스템은 '입력-프로세싱-출력' 순으로 가동한다. 공부로 치면 입력은 공부에 들이는 시간과 내용이다. 출력은 성적이다. 입력하지 않으면 출력이 없듯이 공부에 시간을 들이지 않으면 좋은 성적이 나오지 않는다. 출력에 중요한 영향을 미치는 요소가 프로세싱이다. 프로세싱이 잘되면 적절한 입력만으로도 출력이 좋을 수 있지만, 프로세싱이 허술하면 아무리 많이 입력해도 출력 결과가 나쁘다. 프로세싱이 바로 공부 방법에 해당된다.

내가 학교 다닐 때 우리 반에 '괴물'이란 별명의 친구가 있었다. 괴물은 하루에 3시간밖에 안 자고 책과 영어 사전을 통째로 외웠으며 물어보면 모르는 게 없었다. 그럼에도 불구하고 괴물이 나를 이겨본 적이 없다. 물론 그 친구도 연세대 의대에 진학했지만, 괴물의 공부법은 흉내 내기 어려울 뿐만 아니라 평생 그와 같은 방식으로 산다면 힘에 부쳐 제명에 살지 못할 것이다. 분명히 공부법에 문제가 있었고, 방법을 교정했다면 그 친구는 힘을 덜 들이고 뛰어난 성과를 냈을 것이다.

좋은 출력 결과를 얻으려면 프로세싱 능력을 키워야 한다. 입시와 고시, 자격 시험 등 목표가 뚜렷한 경우에는 해당 목표를 달성하기 위한 효과적이고 효율적인 방안(예를 들면 시험의 경향 및 커트라인 분석)을 찾아 입력과 프로세싱을 조절해야 한다.

중상위권 이하의 학생들을 관찰하면 대체로 프로세싱이 나쁘고 입력도 부족하다. 프로세싱 능력도 개발해야 하지만 우선 공부의 절대 시간과 양을 늘려야 한다. 상위권 학생들은 입력의 양은 비슷하다. 대부분 프로세싱에 따라 결과가 차이 난다. 그러므로 상위권 학생들에겐 프로세싱 능력 개발이 무엇보다 중요하다.

오해 2. 내용 이해만 하면 성적은 떼어 놓은 당상?

이해하는 것과 자기 것으로 만드는 것은 차이가 있다.

어학이나 스포츠 영역만 해도 그 차이가 뚜렷하다. 수영하는 법을 머리로 아무리 잘 이해해도 실전에서 멋지게 수영할 순 없다. 영어 문장을 이해했다고 해서 바로 영어로 말하기는 어렵다. 수학의 원리를 이해한다고 해서 문제를 잘 푸는 건 아니다. 강의를 듣고 이해하면 그 내용을 자기 것으로 완전히 소화했다고 착각하는 학생이 많다.

이해하는 것과 자기 것이 되는 것 사이에는 '훈련'이라는 과정이 있다. 훈련을 어떻게 효율적으로 해내는가가 상당히 중요하다.

오해 3. 암기력이 떨어지면 시험에 불리하다?

나는 암기력이 매우 떨어진다. 사람 이름도 잘 못 외우고 문장들은 더더욱 못 외운다. 암기력이 뛰어난 친구들을 보면 부럽다. 특히 사진을 찍듯이 기억하는 친구들을 보면 놀라울 정도다. 나

역시 대학에 다니면서 비상한 기억력을 가진 친구들을 본 적이 있다. 그러나 이 친구들이 반드시 공부를 잘하는 건 아니다.

다행스럽게도 최근의 각종 평가들에서는 단순 암기력을 요구하지 않는다. 조선시대 3대 왕 외우기는 현대 사회에서 그다지 중요하지 않다. 검색만 하면 답이 금방 나온다. 이제는 검색으로는 해결하기 어려운 문제를 찾아내는 능력이 중요하다. 뛰어난 암기력이 필요하지 않다. 단순한 시험일수록 암기력을 요구하지만 관문을 통과하기 어려운 시험일수록 암기력을 요구하지 않는다.

입시에서 좋은 성적을 거두는 건 타고난 머리 덕이 아니다. 기억력이 부족해도 충분히 잘할 수 있음을 명심하자.

'공부에는 왕도가 없다'라는 말이 있다. 특별한 비법이 없으니 무작정 열심히 해야 공부를 잘하게 된다는 의미다. 이 경구는 틀렸다. 열심히 하라는 자극을 주는 좋은 말임에는 틀림없지만, 세상에는 그렇지 않은 경우가 더 많다.

무턱대고 열심히 하다가 자기도 모르는 사이에 도를 깨달을 수 있다. 그러나 수십억 명의 사람이 살아왔고 살아가고 있는데 그동안 쌓인 노하우가 없다는 건 말이 안 된다. 노하우를 따라 하면 더 쉽게 성취할 수 있는데 무인도에 표류한 사람처럼 맨땅에 헤딩하면서 하나하나 방법을 찾아가는 건 결코 바람직하지 않다. 무식하게 매일 하루 3~4시간만 자고 평생 공부해야 좋은 성과를 낼 수 있다면 대한민국 국민의 90% 이상은 공부를 포기할 것이다.

'열심히'는 기본, 요령은 필수

공부를 잘하려면 '열심히'는 기본이고, 방법의 선택 또한 중요하다.

나는 바둑을 초등학교 1학년 때부터 두었다. 누구에게 배운 적도 없었고 오로지 독학으로 터득했다. 기본 규칙만 이해하고 내 마음대로 두었다. 아들이 초등학생 때, 바둑의 기본 규칙을 알려주고 함께 바둑을 두었다. 바둑 경력만 20년이 넘은 나는 아들에게 들을 수없이 깔아주고도 이겼다. 항상 만방이었다. 아들이 열이 났는지 바둑 학원에 다녔다. 그로부터 6개월 만에 나는 아들에게 완전히 패배하고 말았다. 바둑 학원에서 기본 방법과 원리를 습득하자 실력이 일취월장한 것이다.

나는 수영도 혼자서 대충 배웠다. 수영 실력을 발휘해 당시 초보 수준이던 아들을 이기고 약을 올렸다. 그러나 아들이 수영 학원을 1년 다닌 뒤에는 상황이 역전돼 아들을 따라잡을 수 없었다.

시간만 들인다고 공부를 잘하는 게 아니다. 자기만 아는 방식이나 잘못된 방식은 도리어 퇴보하게 만들 수 있다. 자기 방식대로 공부하는 학생은 초기에는 속도가 빨라 보인다. 제대로 된 원리와 방법을 하나하나 익힌 학생은 초기에는 느려 보이지만 전진 속도가 자기 방식대로 하는 학생보다 월등히 빠르다. 공부에도 방법이 필요하다.

공부 방법이 중요하다면 왜 학교에서 가르치지 않는가? 나 자신 또한 신입 직원을 뽑거나 대학원생들의 논문을 지도할 때마다 왜 이들에게 대학에서 '논리적으로 생각하는 법' '논리적으로 글 쓰는 법' '논리적으로 문제를 해결하는 법'을 가르쳐주지 않는지 의아했다.

필수 사항을 배우지 못한 대다수는 시행착오만 거듭한다. 이 원리들을 잘 배우고 익히면, 시행착오를 겪다가 개똥 방법을 찾아 일하는 것보다 짧은 시간에 크게 성취할 수 있는데 안타깝게도 이런 문제가 해결되지 않고 있다.

왜 이러한 현상이 발생하는가? 학교의 '과도한 분업화' 탓이다. 국어 선생님은 국어만, 수학 선생님은 수학만 가르친다. '공부하는 법' '논리적으로 사고하는 법' '논리적으로 문제를 해결하는 법'은 전공이 불명확하다. 각 과목 선생님들은 '다른 교사가 가르치겠지' 하고 생각한다. 서로 미루다가 결국 아무도 가르치지 않는다. 중고등학교뿐 아니라 대학, 심지어 대학원의 사정도 마찬가지다.

다행스럽게도 열심히 하다가 나름대로 방법을 깨우쳤다면 성공할 것이고, 그렇지 못한 사람은 자기 머리 탓, 부모 머리 탓만 할 것이다. 최근 몇몇 대학에서 이러한 방법들을 가르친다는 소식을 듣고 그나마 다행이라고 생각했다.

공부에는 최선의 방법이 있다. 그 방법은 이미 수많은 사람이 단편적이든 종합적이든 알고 있고 경험한 것이다. 감추어진 비법이 아니다. 우리가 평소 자주 접한 방법이다. 단지 이를 체계적으

진짜 공부 리스타트

로 정리하여 가르치지 않는 것뿐이다.

　나도 새로운 비법을 제시하려는 것이 아니다. 나와 선진 학자들이 공통으로 이해하고 있었던 방법을 체계적으로 정리하고, 일반 학생들뿐 아니라 노력에 비해 성과를 거두지 못하는 학생들에게도 도움을 주고자 하는 것이다.

+ 공부 방법을 알면 좋은 점

- 시간과 노력에 비해 뛰어난 성과를 거둘 수 있다.
- 새로운 내용을 남보다 빠르게 깊이 있게 습득할 수 있다.
- 마구잡이식으로 공부하는 사람에 비해 초기에는 효과가 떨어지는 것처럼 보이지만 습득하면 상당한 진전을 보인다.

격려 한마디의 유효 기간

내가 고등학교를 다닐 때만 해도 수학 참고서로는 '정석' 시리즈가 베스트셀러였다. 이 책을 쓰신 분이 홍성대 씨다.

고등학교 수학 보충 시간이었다. 수학 선생님은 무진장 덩치가 커서 씨름선수처럼 생기신 분이었다. 학생들을 괴롭힌 적은 없지만, 큰 덩치와 험상궂은 인상이 학생들에게 위압감을 주었다.

《수학의 정석》으로 수업을 하는데 그날따라 수업이 따분하고 공부도 잘 안되어서 정석 표지에 적힌 '홍성대 저' 위쪽에 볼펜으로 '신수정 공'이라는 단어를 열심히 새겨 넣었다.

신수정 공
홍성대 저

《수학의 정석》이 신수정·홍성대 공저로 둔갑하는 순간이었다. 이름 새겨 넣기에 깊이 몰두하다가 인기척에 깜짝 놀라 고개를 돌리니 선생님이 서 계신 것 아닌가! 수업을 하시다가 내가 엎드려 딴짓하는 모습을 보고 오신 것이다.

"너 뭐하냐?" 내 작업물을 노려보시며 선생님이 말씀하셨다.

"야, 이 녀석아! 공부 시간에 무슨 놈의 쓸데없는 짓거리를 하고 있어! 네가 무슨 정석을 쓴다고…. 정석을 아무나 쓰는 줄 알아?"

이와 같은 질책을 상상하며 난 고개를 푹 숙였다. 뜻밖에도 수학 선생님이 피식 웃으며 말씀하셨다.

"수정아, 네가 기껏 수학 정석밖에 못 쓸 인물이냐?"

그 말씀을 듣고 깜짝 놀랐다. 나 자신에 대해 다시금 용기와 자부심을 가지게 되었다.

'그래. 난 앞으로 훌륭하게 될 사람이야. 내가 수학 참고서 집필 따위를 목표로 삼을 순 없지.'

선생님이나 선배, 상사의 격려 한마디가 사람을 얼마나 행복하게 만들고 용기를 주는지…. 20년이 지난 지금도 그 순간이 또렷하게 기억나는 걸 보면 그때의 말 한마디가 내 안에 얼마나 깊이 박혔는지 알 수 있다.

지금은 학생들과 직원들을 가르치는 위치에 있지만, "쓸데없는 짓 하지 마" "이것도 제대로 못해! 학교에서 뭐 배웠어" "네가 무슨…" 따위의 말들로 상대의 인격을 짓밟고 용기를 상실하게 만들지는 않았는지 반성해본다.

선생님은 아무나 할 수 있는 직업이 아닌 것 같다. 사람에 대한 사랑과 이해, 존중이 마음에 가득하지 않다면 선생님의 사소한 행동이 특히 마음 여린 사춘기 학생들에게 큰 상처를 줄 것이다. 선생님이 따귀를 때리고 출석부를 날리는 구시대의 모습도 아니고, 지금처럼 교사와 제자가 지식 전수의 관계 외에는 서로 남남처럼 지내는 모습도 아닌, 명성도 없고 재물도 없지만 지혜롭게 제자들을 격려할 줄 아는 참스승과 그 밑에서 자기 인생을 향해 힘차게 발걸음을 내딛는 제자들이 마주 보며 화사하게 웃는 모습이 대한민국, 아니 온 세계의 교정에 가득하기를 바란다.

2

전략 멘토링
5차원 공부 프레임워크

성적이 생각만큼 오르지 않아 고민이라면 십중팔구 잘못된 공부 방법 탓으로 봐도 무방하다.

5차원 공부 프레임워크는 공부 방법의 문제점을 총체적으로 진단하고 영역별로 해결책을 제시한다.

90%의 학생들뿐 아니라 최상위 10%의 학생들에게 공통으로 적용되는 기본 원리다.

신개념 학습 전략, 5차원 공부 프레임워크

하나의 방법이 타당성을 가지고 일반화되려면 단편적인 부분만을 강조해서는 안 된다.

세상에 만병통치약은 없다. 모든 문제에 통용되는 쉽고 편한 단 하나의 방법을 알고 있다고 말하는 사람은 사기꾼일 가능성이 높다. 그렇다고 해서 100개의 문제에 각각 다른 100개의 답이 있는 건 아니다. 100개의 문제를 잘 분류해보면 몇 가지 유형으로 압축할 수 있고, 그 유형을 분석하면 답을 찾기가 용이하다.

공부를 잘하기 위한 방법도 마찬가지다. 1~2개 기법만 알면 누구나 서울대에 갈 수 있다는 말은 못 믿을 바요, 공부에는 왕도가 없으니 닥치는 대로 열심히 하라는 말도 못 믿을 바다.

공부 방법은 매우 다양하지만 서로 동떨어진 세계에 있는 것이 아니라 공통적으로 몇 가지 영역으로 분류된다. 영역을 분류함으로써 빠짐 없이, 중복되지 않게 전체 구조를 파악하여 문제를 해결하는 방법을 '프레임워크(틀) 사고'라고 한다. 이 방법은 기업의 컨설턴트가 많이 활용하는 사고방식이며, 내게 가장 익숙한 사고방식이다.

'공부 프레임워크'는 5개의 영역으로 구성된다. 이를 5차원 공부 프레임워크라 명명하겠다. 5개 영역을 합하면 총체적인 답이 나온다. 공부를 잘하기 위한 어떠한 해답도 이 5개 영역 내에 포함되어 있다고 확신한다.

① 자질　　② 마음　　③ 환경　　④ 방법　　⑤ 기법

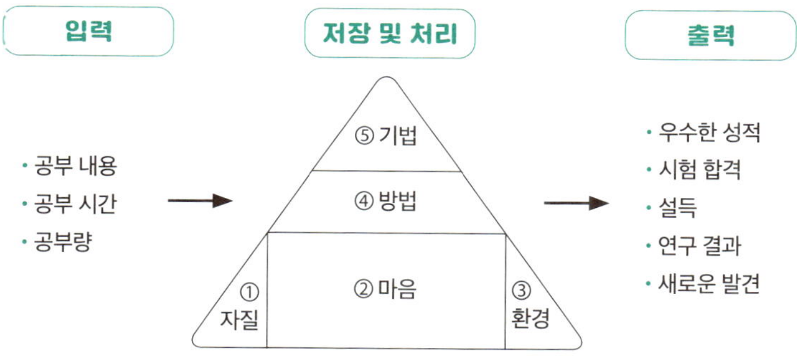

5가지 영역은 프로세싱에 해당한다. 5가지 영역이 완벽해도 입력이 없으면 무의미하다. 5개 영역이 잘 갖추어질수록 적은 입력으로도 우수한 출력 결과를 낼 수 있다.

공부 시간과 양은 한계가 있다. 사람에게는 모두 똑같은 시간이 주어지고 각자 공부할 수 있는 최대량의 한계는 존재한다.

공부를 최상으로 하지 못하는 학생들을 진단해보면 개개인에 따라 문제점이 다르다. '마음'에 문제가 있는 학생이 있는가 하면, '기법'을 익히지 못해서 최고가 되지 못하는 학생도 있다.

우선 큰 그림을 봐야 한다. 자신이 어떤 영역에 자신 있고, 어떤 영역에 미진한지를 스스로 진단하거나 전문가에게 평가받고, 어떤 영역을 빠르게 향상할 수 있는지를 살펴보아야 한다.

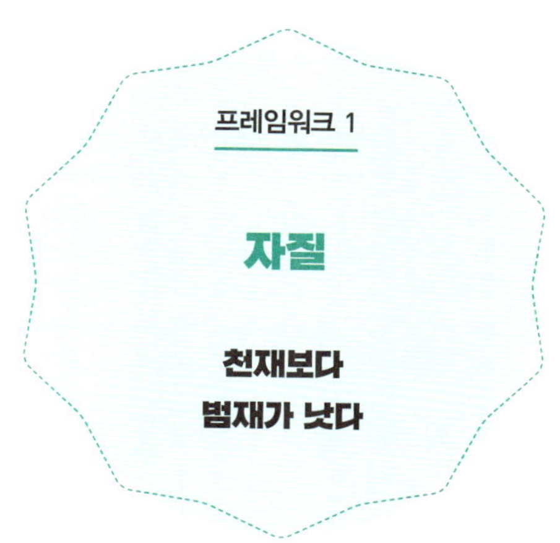

운동을 뛰어나게 잘하기 위해서는 운동 방법만 연습해서는 안 된다. 기초 체력을 길러야 한다. 기초 체력에 해당하는 부분이 3가지 기반 영역(자질, 마음, 환경)이다.

흔히 공부를 잘하는 사람에게 머리가 좋다고 하는데, '머리'가 바로 '자질'에 해당한다. 태어날 때부터 머리가 좋은 사람이 유리한 건 당연하다. 연구 결과에 따르면 머리는 약 50%가 유전이고 50% 정도가 후천적이라고 하니, 공부를 못하는 학생은 그 이유를 어느 정도는 부모 탓으로 돌릴 수 있다.

그러나 앞서 지적한 바와 같이 좋은 머리와 공부 능력이 비례하는 것만은 아니다. 평범하게 태어나도 가능성은 충분하다. 더더군다나 후천적으로 개발할 수 있는 50%가 있으니 걱정하지 말자.

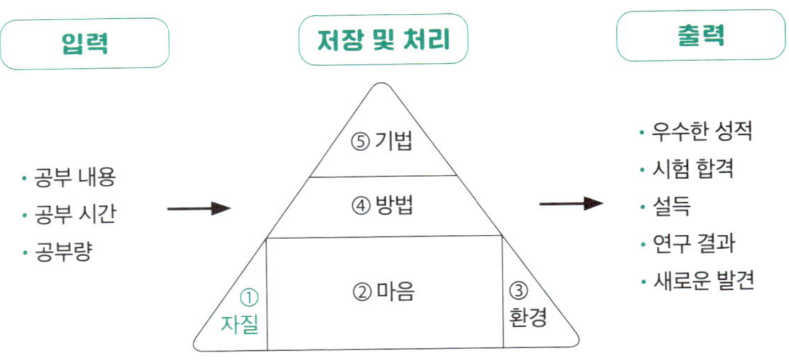

자질의 요소로는 사고력, 집중력, 기억력, 지각력 등이 있다. 예를 들면, 기억력을 타고난 사람은 당연히 공부를 잘할 가능성이 높다. 남들은 1시간 동안 외울 분량을 10분 만에 다 외우는 능력의 소유자를 따라잡기는 쉽지 않을 것이다. 이 선천적인 능력은 영원히 따라잡을 수 없을까? 다행스럽게도 연구 결과에 의하면 훈련으로 따라잡을 수 있다고 한다. 기법을 익히고 훈련하면 기억력을 향상할 수 있다. 집중력이나 사고력도 마찬가지다. 한 TV 프로그램에서 '공부 잘하는 법'을 시리즈로 방영했다. 프로그램에서 집중적으로 다룬 것이 바로 이 영역이다. 기억력이나 집중력 등이 취약한 학생은 그 프로그램에서 제시한 훈련을 매일 꾸준하게 반복하는 게 좋다.

머리가 뛰어나지 않아도 실망할 필요가 없다. 과도하게 머리가 좋으면 도리어 방해가 될 수 있다. 세계적인 천재 학자 아인슈타인도 학교에 다닐 때는 수학과 과학을 제외한 다른 과목은 낙제점을 받았고 담임조차도 다른 아이들에게 방해가 된다며 그를 가르칠 수 없다고 말할 정도였다. 아인슈타인은 선진국에 살았던 덕에 나중에 빛을 볼 수 있었지만 한국에서 살았다면 대학도 못 가고 소위 낙오자가 되었을 것이다. 지금의 입시에서는 좋은 머리나 사고력을 테스트하지 않는다. 기본 이론을 이해하여 빠르게 적용할 수 있는 능력을 테스트한다.

머리가 매우 좋은 학생은 입시 중심의 공부에 쉽게 싫증을 낸다. 입시를 잘 보기 위해서는 아는 내용을 수도 없이 반복해야 하는데, 머리가 지나치게 좋으면 반복 학습을 꺼리기 때문이다. 이들은 아는 내용에는 큰 흥미가 없다.

실제 대한민국 상위 10% 안에 드는, 입시에서 최고의 성적을 거두는 학생 대다수는 머리가 비상한 학생들이 아니라 약간 좋은 학생들이다. 최소한 입시에서는 머리가 뛰어난 학생이 도리어 위험하다.

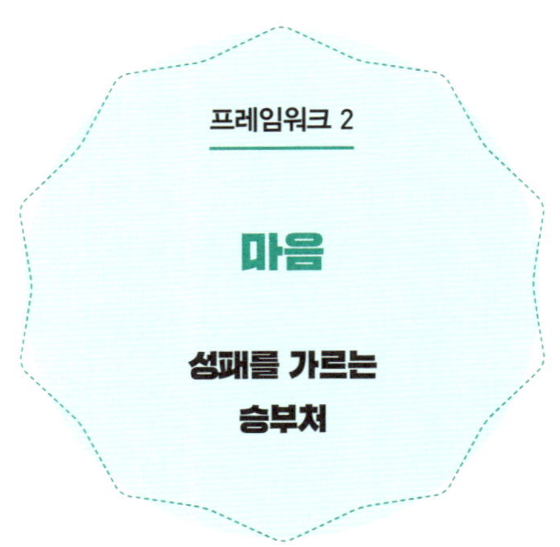

프레임워크 중 가장 중요한 요소가 '마음'이다.

공부 방법을 몰라도, 집이 부유하지 않아도, 자질이 좀 부족해도 마음만 있으면 공부를 잘할 수 있을 뿐 아니라 설령 공부를 못한다고 해도 반드시 인생에서 성공할 수 있다.

'마음'의 요소는 4단계로 나눌 수 있다. 꿈과 목표를 가지는 단계, 자신감과 믿음을 가지는 단계, 결심과 노력을 하는 단계, 마지막으로 즐거움을 누리는 단계다.

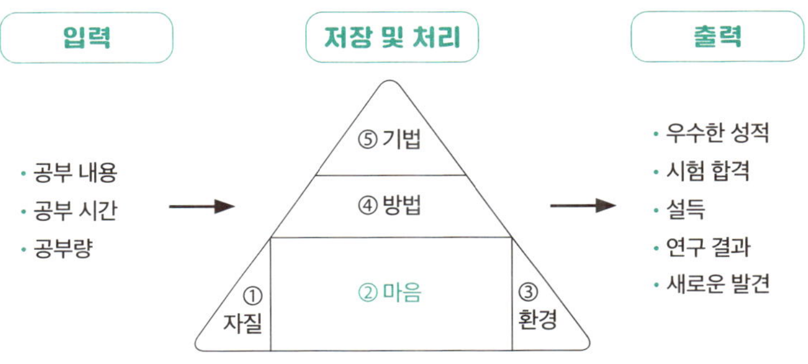

1단계 꿈과 목표

사람은 단순하지 않다. 기계가 아니다. 남이 시키는 일만 끊임없이 하는 존재가 아니다. 부모나 교사는 공부에서는 기계 같은 자녀를 원할 수 있다. 군말 없이 매일 아침 일찍 일어나 학교 가서 공부하고, 집에 와서 공부하고, 학원 가서 공부하고, 잠자면서 공부하는 꿈을 꾸고…. 공부로 반복되는 삶을 미덕으로 알고 공부에서 일가를 이뤘다면 대단한 사람이라 할 수 있겠지만 그리 닮고 싶은 삶은 아니다.

살면서 공부에 대한 즐거움을 깨닫는다면 다행스러운 일이다.

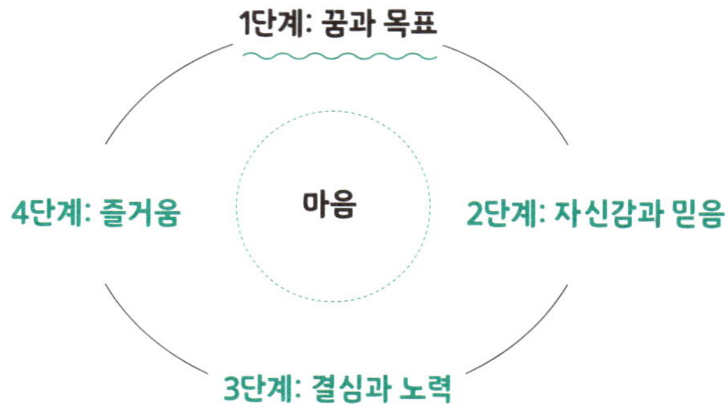

자기 미래에 대해 꿈을 꾸고 꿈을 이루기 위해 스스로 목표를 정하고 그 목표를 향해 걸어갈 때 즐거움과 성취감이 생기는 법이다. 위대한 자가 꿈을 꾸는 것이 아니라 꿈을 꾸는 자가 위대한 것이다.

진정 공부를 잘하기 위해서는 공부 자체를 목표나 꿈으로 삼아서는 안 된다. 내 꿈과 목표에 대해 진지하게 고민해보아야 한다. 자신만의 꿈과 목표를 이루기 위해서 스스로 공부하고 현재의 고난을 견디는 것이다.

눈앞에 정상이 보이면 당장은 고통스럽더라도 산을 오를 것이고, 결국 산 정상에서 넓은 세상을 내려다보며 기쁨을 누릴 것이다. 어디로 가야 하는지도 모르는 채 땅만 보고 걷는다면 금방 지치고 쉽게 포기하게 된다. 꿈을 꾸고 목표를 정하는 것은 공부를 잘하기 위한 마음가짐의 핵심이다.

<코치 카터>란 영화를 보면, 농구 코치인 카터는 농구 실력이 형편없는 데다 공부조차 포기한 선수들을 강한 어조로 설득한다.

"이 학교의 학생 중 50% 이상은 고등학교를 졸업하지 못하고, 졸업생 중 3분의 1은 범죄자가 되어 교도소에 가거나 범죄를 저지르다 살해당할 것이다. 너희는 무엇이 되고 싶은가? 나는 너희가 실패한 인생을 살지 않게 만들 자신이 있다. 실력 있는 농구 선수로 대학에 진학해 프로가 돼서 지금보다 더 나은 삶을 살게 해줄 수 있다. 단, 나와 약속해야 한다. B학점 이상의 성적을 거두어야 하고, 수업 시간에는 맨 앞자리에 앉아야 한다. (…) 너희가 공부를 하지 않는다면 농구를 가르치지 않겠다."

카터는 낙오하고 반항하는 학생들, 이들을 무시하는 선생들과 자녀가 처할 당장의 고생과 불평에 마음 아파하는 학부모들의 반대에 맞서 싸웠다. 그는 학생들과 목표를 공유했고, 결국 농구부 학생들은 대학에 당당히 입학하고 더 나은 삶을 산다. 이 이야기는 실화다.

학생은 왜 공부해야 하는가? 이유는 명확하다. 더 좋은 대학을 가기 위해서가 아니라(이것은 중간 목표다) 더 나은 삶, 내가 진정 원하는 사람이 되고 내가 진정 원하는 일을 자유롭게 하기 위해 공부한다.

미래를 위해 고등학교 3년을 투자하는 것이다. 3년을 인내하면 더 나은 삶을 살 가능성이 높아지지만, 이 시간을 허투루 보내면

- 길게는 내가 장래에 무엇이 될 것인지를, 짧게는 어느 대학에 갈 것인지를 목표로 정하라. 공부는 이 목표에 맞춰서 해야 한다.
- 목표를 써서 벽에 붙여놓고 매일 반복해서 읽어라.
- 목표가 이루어진 후의 모습을 항상 상상하라. 목표가 이루어졌다고 가정하고 내 모습을 상상하여 글을 써보는 것도 좋다. 합격 수기를 미리 작성하면 기분이 좋아질 것이다.
- 내 목표를 여러 사람에게 알려라. 자주 이야기할수록 확신이 서고 목표가 더 뚜렷해진다.

평생 더 나은 삶을 살기 어려워진다.

공부를 잘해서 좋은 대학에 가는 것이 더 나은 삶을 100% 보장하는 건 아니지만 확률은 훨씬 높아진다. 특히 대한민국에서는 더욱 그렇다. 불행히도 대한민국에서는 인생 진로의 90%가 고등학교 때 결정된다. 고등학교 때 방황하다가 나중에 정신 차려서 일류대에 갈 수 있는 여건이 갖춰지지 않았다. 다시 말하거니와, 시험을 준비하는 학생들은 현재의 고통을 인내하고 이겨낼 수 있는 꿈과 목표가 필요하다. 향후 유능한 사업가나 변호사를 목표로 삼을 수도 있고, 작게는 대학 캠퍼스를 자유롭게 거니는 소박한 목표를 꿈꿀 수도 있다. 큰 목표인가, 작은 목표인가가 중요한 게 아니라 목표가 있다는 게 중요하다.

간혹 이렇게 말하는 학생도 있다. "나는 꿈과 목표가 없어요. 아무엇도 되고 싶지 않아요." 세상에 꿈이 없는 사람은 없다. 모든 사람에게는 저마다 꿈이 있다. 다만 이를 쉽게 드러낼 수 있는 사람이 있는가 하면 그렇지 못한 사람이 있을 뿐이다. 꿈을 쉽게 드러내지 못하는 학생에게는 그 꿈 단지를 깨어 꿈이 밖으로 흘러나오게 도와줄 사람이 필요하다. 바로 '코치'요, '선생'의 역할이다. 이런 학생들은 주위에 도움을 청해야 한다.

2단계 자신감과 믿음

믿음이 없다면 꿈과 목표는 허상에 불과하다. 자신에게 꿈과 목표를 이룰 능력이 있다고 믿어야 한다. 능력이 없다면 노력으로라도 이룰 수 있다는 믿음을 가져야 한다.

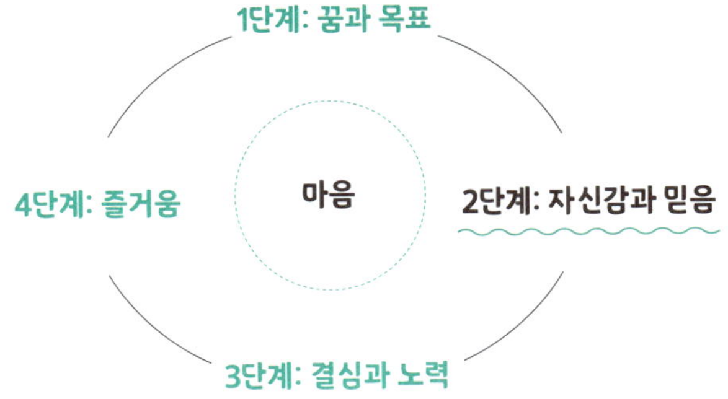

스스로 하찮게 여기면 하찮은 사람이 된다

진실로 고하건대 여러분은 정말 훌륭한 사람이 될 수 있다. 세상 어느 누구보다 중요한 존재이며 각자에게는 신이 주신 재능이 분명히 있다. 이를 믿어야 한다. '나에게는 무한한 가능성이 있다. 무엇이든 할 수 있다. 나는 세상 누구와도 바꿀 수 없다!'

'공주병'을 아는가? 공주도 아니면서 자신을 공주처럼 여기고 사는 사람을 일컫는다. 공주병에 걸린 친구를 바라보는 사람들의 시선이 썩 좋지는 않을 것이다. 재미있는 통계 결과가 있는데, 공주병이 있는 사람이 그렇지 않은 사람보다 실제로 공주처럼 행복하게 살 가능성이 훨씬 높다고 한다. 되도록 '공주병' '왕자병'에 걸려라. 공주처럼 행동하고 왕자처럼 행동하라! 공주가 될 것이고, 왕자가 될 것이다.

스스로를 하찮게 여기면 실제로 하찮은 인간이 된다. 내가 정말 왕의 아들로 태어났다고 생각하고 행동해보자. 옷을 깔끔히 입고, 욕을 입 밖에 내지 않고, 여유를 가지고 다른 사람을 배려하면서 살아보자. 자연히 고귀한 사람이 될 것이다.

현재 생각하는 그대로 미래가 되며, 현재 행동하는 그대로 미래가 완성된다. 자신이 일류 대학에 들어갈 충분한 자질을 지졌으며, 박사가 될 수 있는 충분한 자질이 있는 사람이라고 믿어라. 자신감은 희망을 낳고 더 큰 일을 할 수 있는 힘이 된다.

긍정적인 믿음이 찬란한 미래를 만든다

믿음 또한 자신감과 친구다. 믿음이 있어야 자신감이 생긴다. 역으로 자신감을 유지하려면 믿음이 있어야 한다. 교회에 다니는 신자들은 'I can do all things in Christ'라는 구절을 기억할 것이다. 자신이 중요하고 뛰어난 존재임을 믿고 모든 것을 할 수 있다고 믿자. 믿음이 있다면 현재의 고통을 이길 수 있고 찬란한 미래를 기다릴 수 있다.

매사에 부정적인 친구나 삐딱한 친구와 사귀면 인생을 망칠 가능성이 크다.

"야, 공부가 뭐 그리 중요하냐. 마음껏 젊음을 즐기는 것이 더 중요하지. 젊음이 다시 오냐?"

"네가 해봤자 얼마나 하겠냐?"

"너 같은 녀석이 공부한다고? 포기해! 그냥 살던 대로 살아. 우리는 안 돼! 해봤자 쓸데없어."

"괜히 뭐 한다고 폼만 잡네. 얼마 가지도 못할걸!"

이렇게 말하는 친구는 과감히 버려라. 그런 말을 하는 이는 친구가 아니다. 그런 친구와 있으면 둘 다 구렁텅이에 빠져 평생 후회하며 살 것이다. 자신감과 믿음은 두 번째 단계다. 자신감을 가지면 성공의 첫 단추를 채운 것과 다름없으나 자신감으로 모두 해결되는 게 아니다. 자신감에 넘치다가 한 번 패배하면 더 심하게 꼬꾸라지는 사람들이 있다. 그러므로 또 다른 마음이 필요하다.

3단계 결심과 노력

위인들의 인생의 전환점은 '결심'에서 출발한다. 물론 결심만으로 모든 일이 완벽하게 이뤄지는 건 아니다.

성경에 보면 아버지와 형을 속이고 간사하게 살던 야곱이 얍복강 나루에서 지금껏 자신이 산 삶을 버리고 하나님에게 의지하겠다는 '큰 결심'을 한다. 이후 그의 인생은 완전히 변한다.

살면서 누구나 똑같은 결심을 수차례 한다. 그중 맨 처음의 결심이 중요하다. 학생이라면 더 나은 삶, 인류와 사회에 공헌하는 꿈을 이루기 위한 첫 단계로 많은 걸 배울 수 있는 대학에 진학하는 목표를 세울 수 있다.

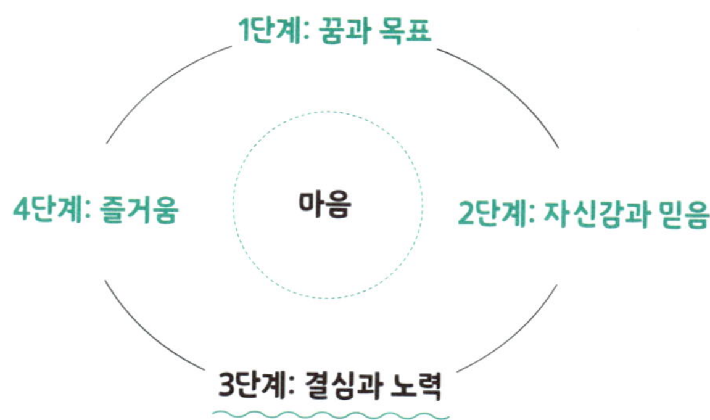

진짜 공부 리스타트

결심을 소문내라

내 결심이 흔들리지 않으려면 사방에 결심을 선포하고, 머리맡에 적어놓고, 책에 적어놓고, 스마트폰에 저장해둘 필요가 있다. 옆에서 비웃는 친구가 있을지도 모른다. 특히 공부를 제대로 해본 적 없는 학생이 결심하면 친구들은 계속 옆에서 마음을 흔들려고 할 것이다. 결심이 흔들릴 때마다 마음을 다잡아야 한다. 조금씩 성공할 때마다 자신에게 잘했다고 격려하고 상을 주자. 그래야 자신감이 생긴다.

결심은 꼭 지켜야 한다. 서양에서는 결심을 계약의 형태로 표현한다. 하나님과의 약속으로 여겨서 반드시 지켜야 한다고 여긴다. 계약을 지키지 않으면 사회에서 추방되는 경우도 있다.

목표를 이루기 위해 스스로 계약서를 쓰고 사인을 하자. 옆에 계신 부모나 선생의 역할이 크다. 훌륭한 선생님은 학생들의 결심이 무너지지 않게 도와준다. 학생들의 마음이 흔들릴 때마다 강하게 꾸짖고 때로는 부드럽게 설득하여 제 길로 돌아오게 한다. 영화 〈코치 카터〉에서 카터가 맨 처음 한 일이 학생들이 목표를 이룰 수 있도록 계약서를 준비하고 사인하게 한 일이다. 학생들이 결단하도록 요구하는 것이다.

결심에는 노력이 뒤따른다. 앞서 공부하는 방법을 습득하면 무턱대고 공부하지 않아도 되며, 조금 더 쉽고 효율적으로 공부할 수 있다고 말한 적이 있다. 방법만 알면 노력하지 않아도 된다는 의미가 아니다. 노력을 줄일 수 있다는 뜻이다. 기법만 배운다고 저절로 1등 하는 건 아니다.

운동선수들을 보라. 올림픽에서 메달을 따는 선수들을 보라. 얼마나 노력하는가! 그들은 완벽한 방법을 배우고도 그 누구보다 많은 땀을 쏟는다.

이 책에서 제대로 된 방법을 배운다는 건 올림픽에 나가는 선수들처럼 공부에 땀을 쏟으면서도 제대로 된 방법을 배우지 못해 능력을 발휘하지 못하고 있는 선수들을 구제하기 위해서다. 이왕이면 죽도록 노력하되 제대로 된 방법으로 하자는 것이다. 그러면 동네에서 뛰어난 자에 그치지 않고 한국에서 뛰어난 자가 될 것이고, 한국에서 뛰어난 자에 그치지 않고 세계에서 뛰어난 자가 될 수 있다.

타이거 우즈는 최고의 연습벌레로 알려져 있지만, 연습량만으로 따지면 타이거 우즈만큼 노력하는 사람이 전 세계에 수천 명은 된다. 그런데 왜 타이거 우즈가 세계 최고인가? 더 효과적인 방법으로 훈련했기 때문이다. 훌륭한 코치에게 방법을 배워야 최고가 될 수 있다. 최상에 오르고자 한다면 '노력' 또한 최상급이어야 한다. 타이거 우즈는 세계 대회에서 우승한 당일에도 우승의 기쁨을 뒤로한 채 연습했다고 한다. 세상의 그 어느 것도 노력과 인내의 땀방울 없이는 결실을 맺지 못한다.

공부 못하는 학생의 대다수는 방법도 모르고 노력도 하지 않는다. 그러면 영원히 그 굴레를 벗어날 수 없다. 공부를 잘하는 학생도 제대로 된 방법을 모른 채 노력만 열심히 하면 절대 최상이 될 수 없다. 설령 제대로 된 방법을 익혔더라도 자기 머리만 믿고 남보다 덜 노력하면서 성적이 좋다고 우쭐댄다면 그는 최고가 될 수 없다. 불행하게도 나 또한 학창 시절 이러했다.

실패에 도전하라

세상은 넓다. 세상에는 우리보다 뛰어나고 땀을 더 많이 흘리는 사람들이 많다. 나중에 그들 앞에 서면 자신이 초라해짐을 느낄 것이다. 더 노력하면 세계적인 인물이 될 수 있는데 우물 안에 있는 작은 피라미들과의 경쟁에서 이겼다고 교만해지고 나태해진다면 우물 안에서 그저 그런 정도로 끝난다.

인내는 쓰지만 그 열매는 달콤하다.

인내하고 노력하자. 자신이 못한다고 느낄수록 더욱 열심히 하라. 다음 장에서 말하겠지만 그것은 고통이 아니다. 그 속엔 '즐거움'이 자리하고 있다.

노력하는 과정에서 늘 성공만을 맛보지는 않을 것이다. 분명히 곳곳에 '실패'가 도사리고 있다. 생각처럼 성과가 나타나지 않거나 당장 실패할 수도 있다. '포기'라는 단어가 떠오를 것이다. 과거에 같이 놀던 친구들이 조롱할지도 모른다.

"거봐, 해봤자 안될 거라고 했잖아. 괜히 시간만 버렸어."

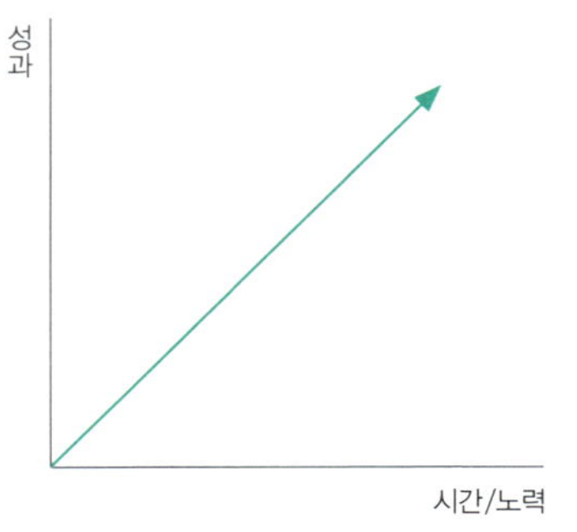

사람들이 기대하는 성과 그래프
계속 상승할 거라 기대한다.

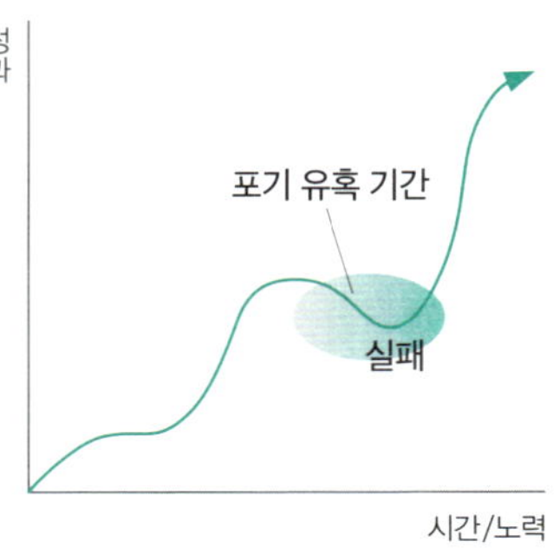

실제 성과 그래프
실패가 반복되는 듯 보이지만 어느새
상승하게 된 자신을 보게 된다.

이 길을 누구나 갈 수 없는 이유이기도 하다. 쉽게 성과가 나타
난다면 세상 모든 사람들이 성공했을 것이다.

한순간 포기하면 원점으로 돌아가는 것이 아니라 시작점보다
더 후퇴하게 된다. 세상의 어떤 일도 일직선으로 성과가 나지 않
는다. 중간에 고난이 있고 실패도 있다. 포기하려는 유혹을 이기고
다시 헤쳐나갈 때 한 단계 한 단계 성숙하게 된다.

공부도 마찬가지다. 목표를 정하고 방법을 익히고 시간을 들인
다고 해서 갑자기 성과가 오르지는 않는다.

시간이 더 필요하다. 너무 조급해하지 말고 서두르지 말자. 목표
와 방향, 방법이 크게 잘못되지 않았다면 언젠가는 인내의 결실을
맛볼 것이다. 주의할 점은 방향과 방법이 잘못되었다면 노력해도

진짜 공부 리스타트

성과가 없을 뿐 아니라 더 악화될 수 있으므로, 조언을 듣고 방향과 방법을 바꾸어야 한다.

한 방울의 물이라도 오랜 시간 바위를 치면 바위를 뚫을 수 있다.

4단계 즐거움

마음의 마지막 단계는 '즐거움'이다.

목표에 다다르는 과정을 통해 성취감을 맛보면 즐거움이 생긴다. 즐거움이 생기면 다시금 결심하고 노력하며, 자신감이 더욱 충만해진다. 목표에 한 걸음 더 가까이 다가간다. 이러한 선순환을 통해 공부를 잘하게 되고 목표를 이루는 것이다.

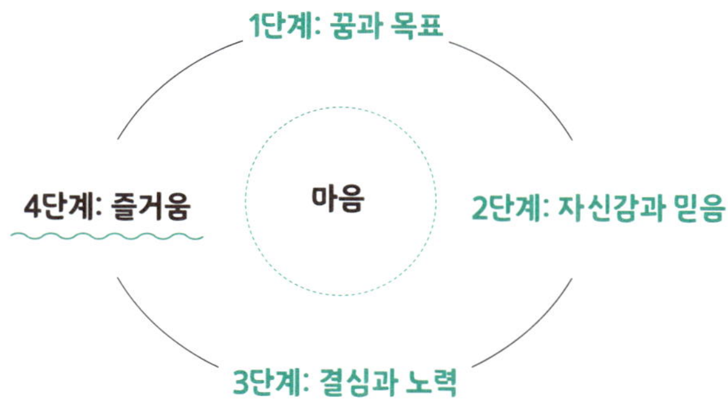

즐거움은 지적 활동이다

누구든 가장 행복한 때를 꼽으라면 가장 즐거운 일을 할 때라고 대답할 것이다. 즐겁지 않은 일을 의무적으로 하는 것처럼 고통스러운 건 없다. 억지로 하는 일이라면 더더욱 괴로울 것이다. 즐거움은 삶의 원동력이며 어떤 일이든 추진할 수 있는 기반이다.

그렇다면 공부에 즐거움을 느끼는 사람이 과연 몇이나 될까? 정확한 통계는 없지만 대한민국에서 공부에 즐거움을 느끼는 사람들의 비율은 미국 등 서구에 비해 상당히 낮을 것임에 틀림없다. 대다수의 학생은 입시만 끝나면 공부를 때려치우겠다고 다짐하는 게 현실이다. 심지어 서울대나 의대에 입학하는 사람들 중에서도 이러한 생각을 가진 사람들이 적지 않다.

공부에는 진정 즐거움이 있다. 공자만 공부에 즐거움을 느끼는 게 아니다. 아인슈타인만 공부를 재미있어한 건 아니다. 누구나 공부에서 재미를 찾을 수 있다. '배우고, 무엇인가 깨닫고, 이를 통해 새로운 것을 창조하는 일'은 '즐거움'을 느끼게 하는 요소다.

곰곰이 생각해보자. 모르는 것을 알게 되었을 때 쾌감을 느끼지 않았는가? 어떤 문제를 혼자 풀거나 새로운 것을 발견했을 때 즐거움을 느끼지 않았는가? 이러한 고도의 사고는 인간만이 누릴 수 있는 최고의 즐거움이다.

엄밀히 말하자면 공부가 재미없다고 말하는 사람이 이상한 사람이라는 소리를 들어야 한다.

불행하게도 우리나라의 시험 중심의 교육 시스템과 사교육이 학생들에게서 공부의 즐거움을 앗아갔다. 공부라는 말만 나오면 어른이나 아이 할 것 없이 '시험의 압박' '고3'만을 떠올리며 치를 떤다. 얼마나 안타까운 일인가!

나도 마찬가지였다. 고등학교 때까지 공부라는 말이 지겹도록 듣기 싫었고 시험은 내 인생에서 가장 큰 고통이었다. 대학 때도 크게 다르지 않았다. 그러나 대학원에서 스스로 공부하기 시작하면서 공부의 즐거움을 깨달았다. 더 일찍 공부의 즐거움을 깨달았다면 국가와 사회에 지금보다 훨씬 더 큰 공헌을 했을 것이다.

히로나카 헤이스케가 지은《학문의 즐거움》이라는 책을 추천하고 싶다. 평범한 가정에서 태어나 머리도 그리 좋지 못했던 한 학생이 '수학의 노벨상'이라 불리는 필즈상까지 타게 된 비결은 바로 '학문의 즐거움'을 깨닫게 된 데 있었다.

공부하는 학생에게 또 하나의 중요한 요소는 '환경'이다. 집중력이 뛰어나고 공부에 재미를 붙인 학생들은 어느 곳에 두어도 잘하지만, 그렇지 못한 학생은 환경에 따라 큰 편차를 보인다. 자신을 스스로 통제할 힘이 약하기 때문이다. 새롭게 결심을 하고 마음의 자세를 다지는 것도 좋지만 무언가에 깊이 빠져서 헤어나기 어려운 경우에는 극단적으로 환경을 바꾸어야 한다.

바꾸어야 할 환경에는 몇 가지가 있다.

첫째는 '물리적 환경'이다. 게임을 지우고 스마트폰을 치워야 한다. 집에서 집중하기 힘들면 독서실 등 통제된 환경으로 들어가야 한다. 문제는 최근에 이러한 시설이 너무 많아져서 규율이 약해지고 거기서 비슷한 성향의 친구들과 어울려 더 나빠지는 경향

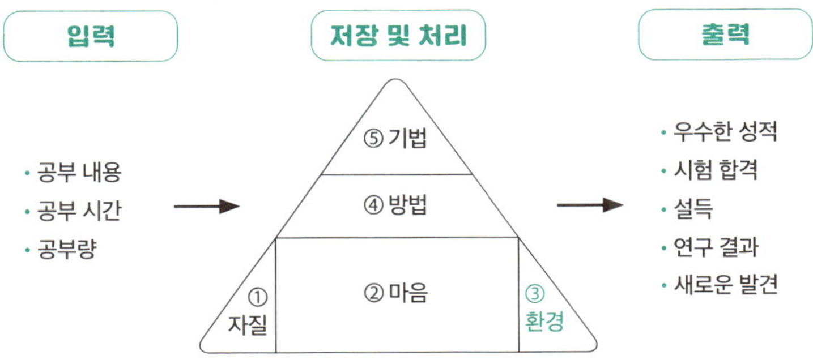

이 있으니 이를 선별하는 데 주의를 기울여야 한다.

둘째는 '친구 환경'이다. 어찌 보면 물리적 환경보다 더 중요한 요소다. 친구가 공부를 잘하느냐 못하느냐의 여부를 떠나서 성실하고 열심히 하려는 친구가 옆에 있는 것만으로도 도움이 된다.

셋째는 '부모 환경'이다. 부모가 주기적으로 학교에 찾아가고 선생님과 상담하면 학생에게 플러스 요인이 된다. 집에서 자녀의 공부 환경을 만들어주기 위해 거실 TV도 과감히 버릴 수 있는 부모라면 더욱 도움이 될 것이다. 주변에 관심을 기울이는 부모나 좋은 친구가 없다고 실망하지 말자. 물리적 환경을 자신에게 적합한 환경으로 바꾸는 것만으로도 충분히 성과를 낼 수 있다. 열악한 환경에서도 성공한 사례들은 많다.

이제부터는 실전 영역이다. 모든 스포츠에는 최적의 '자세(폼)'와 '방법'이 있다. 올바른 자세와 방법으로 훈련해야 성과가 뚜렷해진다. 목표가 명확하고 굳게 결심하고 환경을 조성하고 열심히 하더라도, 효과가 없는 자기만의 방법과 자세를 고집한다면 일류가 될 수 없다.

나의 공부 방법은 몇 점?

제대로 된 공부 방법을 익히는 가장 좋은 방법은 '훌륭한 코치'를 만나는 것이다. 아무리 재능이 있고 인내심이 강한 사람이라도 훌륭한 코치 아래서 지도받지 못하면 성장하기 어렵다.

훌륭한 코치란 누구인가? 제자를 세계적으로 성장시킬 수 있는

진짜 공부 리스타트

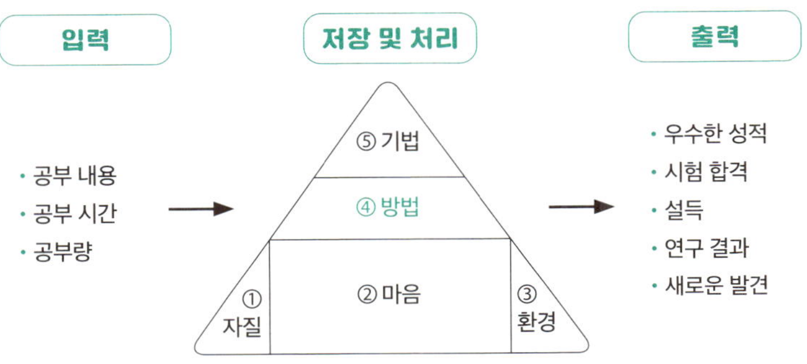

방법을 알고, 제자의 상황과 필요에 따라 그 방법을 적용하여 훈련할 수 있는 사람이다. 히딩크 감독은 월드컵 4강에 올랐지만 다른 감독들은 그만한 성과를 거두지 못했다. 바로 방법의 차이가 가져온 결과다.

제대로 된 공부 방법을 익히는 차선책은 '좋은 책'이다. 좋은 책을 읽으면 넓은 시각을 가지고 제대로 된 방법과 원리를 깨달을 수 있다. 단, 실행은 자기 몫이다. 공부의 세계도 마찬가지다.

다행스럽게도 세상 모든 원리가 그러하듯 공부를 잘하기 위한 방법도 그리 복잡하지 않다. 공부 비법 중 핵심 중의 핵심 10가지를 2가지 원칙에 의거해 추려보았다.

첫째, 어떤 상황을 임기응변식으로 해결하는 방법이 아닌, 자신의 사고력을 활용해 성과를 거둘 수 있는 방법을 제시하고자 한다. 고기를 낚아주는 것이 아니라 고기 낚는 법을 제시하여 학생 스스로 고기를 잡을 수 있도록 도우려는 것이다. 이 방법의 핵심은 스스로 '사고력'의 극대화다. 과외를 받아서 시험 문제를 잘 푸는 방법을 기계적으로 익히는 수준으로는 공부를 정말 잘하는 단계에 들어가지 못한다. 스스로 논리적으로 사고하여 공부 성과를 내야 한다.

둘째, 가급적 보편타당하게 적용되는 방법을 제시하였다. 공부를 잘하게 만드는 근본적인 원리가 있다. 특정 과목이나 특정 시험, 특정 환경, 특정인에게만 적용되는 원리가 아니다. 어떤 과목을 공부하건, 어떤 시험을 준비하건 간에 보편타당하게 공통으로 적용된다.

본론에 들어가기에 앞서 간단하게 공부 10계명에 의거하여 자가 진단을 해보자.

+ 진단 방법

① 각 문항을 잘 읽고 자신에게 해당되는 번호를 체크한 다음, 번호별로 합산한다.

예: 1번 20개, 2번 5개, 3번 5개

② 1번에는 2점, 2번에는 1점, 3번은 0점을 곱해 총점을 낸다.

예: 20개×2점＋5개×1점＋5개×0점＝총점 45점

③ 총점÷60×100을 하면 최종 평가 점수가 나온다.

예: 45점÷60×100＝75점

진짜 공부 리스타트

- **0~50점(D학점)** : 대단히 잘못된 방법으로 공부하고 있음. 비효율적이므로 지금의 방법을 완전히 버리고 올바른 공부법을 시급히 적용해야 함.
- **51~75점(C학점)** : 공부 방법 중 일부는 올바로 이해하고 적용하고 있으나 미진한 부분이 상당히 많으므로 여러 영역에서의 보완이 필요함. 올바른 공부법을 제대로 배우고 익혀 적용해야 함.
- **76~90점(B학점)** : 올바른 공부 방법을 많이 적용하고 있으나 몇몇 미진한 영역이 보이므로 잘못된 방법으로 공부하는 영역을 보완해야 함.
- **91~100점(A학점)** : 올바른 공부 방법을 숙달하고 있으므로 현 상태를 유지하면 됨. 단, 약간의 미진한 영역을 보완해야 함.

+ **공부 방법 진단 체크리스트**

제1계명

1. 여러 항목을 외워야 하는 경우 비슷한 특성을 지닌 것끼리 묶어서 외우는가?
   - ① 거의 그렇게 한다
   - ② 가끔 그렇게 한다
   - ③ 거의 그렇게 하지 않는다

2. 복잡한 내용도 잘 분류하여 외우고 발표할 수 있는가?
   - ① 아주 잘하는 편이다
   - ② 보통이다
   - ③ 잘 못한다

제2계명

3. 참고서나 문제집을 구입하면 처음부터 끝까지 모두 보는 편인가?
   - ① 거의 끝내는 편이다

② 반 정도는 본다

③ 반도 못 본다

4. 교과서나 참고서, 문제집 1권을 2회 이상 보는가?

① 중요한 것은 2회 이상 본다

② 가끔 한 번씩은 본다

③ 거의 한 번도 본 적이 없다

제3계명

5. 공부할 때 전체 요약을 잘하는 편인가?

① 요약을 잘하는 편이다

② 잘할 때도 있고 못할 때도 있다

③ 요약이 잘 안된다

6. 공부한 내용을 요약해서 설명할 수 있는가?

① 요약해서 설명을 잘하는 편이다

② 잘할 때도 있고 못할 때도 있다

③ 정리도 안되고 설명도 못한다

7. 공부 내용을 그림으로 그리거나 도표로 정리하는 편인가?

① 대부분 그렇게 한다

② 해보긴 했지만 잘 기억되지는 않았다

③ 거의 그렇게 해본 적이 없다

8. 공부한 내용의 목차를 대부분 기억할 수 있는가?

① 목차와 큰 제목은 거의 기억한다

② 몇 개는 기억한다

③ 거의 기억이 나지 않는다

9. 여러 권의 참고서나 문제집의 내용을 1권의 책이나 노트에 정리하는가?

① 되도록 1권의 책이나 노트에 정리한다

② 여러 곳에 정리해 조금 헷갈린다

③ 정리를 거의 하지 않는다

10. 시험 보기 전에 시험 범위의 내용을 한 곳에 요약 정리해놓는가?

① 한 곳에 정리해 시험 직전까지 그것만 본다

② 정리는 하지만 한 곳에 정리가 안되어 시험 직전에도 여러 권을 봐야 한다

③ 정리를 잘 안 해서 시험 직전에 무엇을 봐야 할지 고민이다

제5계명

11. 나만의 요약법이 있는가?

① 효과적인 요약 방법이 있다

② 방법은 있는데 별 도움이 안되는 것 같다

③ 방법이 없다

12. 요약할 때 화살표나 글상자 등의 그림을 자주 이용하고 번호를 붙여 보기 쉽
게 정리하는 편인가?

① 보기 쉽고 외우기 쉽게 정리하는 편이다

② 어떤 것은 그렇고 어떤 것은 그렇지 않다

③ 대부분 복잡하고 헷갈리게 정리되어 있다

13. "공부한 내용 중 가장 중요한 핵심 단어나 문장이 무엇인가?"라는 질문에 잘
대답할 수 있는가?

① 중요한 단어나 문장을 찾아 잘 대답할 수 있다

② 답은 할 수 있지만 확신은 없다

③ 무엇이 중요한지 잘 모르겠다

14. '왜 이렇게 되었지?'라는 의문을 가지고 이해될 때까지 공부하는가?

① 이해될 때까지 공부한다

② 이해될 때까지 하는 것도 있고 안 하는 것도 있다

③ 이해가 안되면 대부분 포기한다

15. 배운 내용을 이해하고 문제집을 푸는가?

① 내용을 거의 이해하고 문제를 푼다

② 대충 이해하고 문제를 푼다

③ 내용을 이해하지 않고 그냥 문제를 푼다

16. 문제가 잘 안 풀리면 왜 안 풀리는지 답을 보거나 질문하여 이해하고 다시 푸는 편인가?

① 이해하고 다시 풀어본다

② 이해하고 다시 안 풀어본다

③ 이해하려는 노력도 안 하고 문제도 다시 안 풀어본다

17. 답을 모르는 문제가 나오면 편하게 질문할 수 있는 선생님이나 친구, 부모가 있는가?

① 질문할 사람이 있다

② 있기는 하지만 질문을 잘 안 한다

③ 질문할 사람이 거의 없다

18. 여러 단원의 내용이 섞여서 나오는 문제들도 잘 해결하는가?

① 잘 해결하는 편이다

② 한 단원에서 나오는 문제는 잘 해결하지만 여러 단원이 섞인 문제는 잘 못 푼다

③ 한 단원에서 나오는 문제도 해결하지 못한다

19. 수학 시험에서 여러 공식을 복합해서 푸는 문제를 잘 해결하는가?

　① 잘 해결하는 편이다

　② 한 공식을 쓰는 문제는 잘 해결하지만 여러 공식을 복합한 문제는 잘 풀지 못
　　한다

　③ 한 공식을 쓰는 문제도 거의 해결하지 못한다

제8계명

20. 친구들이 어려워하는 문제를 잘 가르쳐주고 친구들은 내 설명을 잘 이해하
　는 편인가?

　① 친구들에게 물어보면 잘 가르쳐주고 친구들도 내 설명에 만족하는 편이다

　② 친구들이 가끔 물어보고 보통으로 가르쳐준다

　③ 친구들이 물어보지도 않고 가르칠 자신도 없다

21. 외우기 어려운 내용은 소리 내서 외우는가?

　① 서서 소리 내어 외우면 잘 외워져서 그렇게 하는 편이다

　② 가끔 해봤지만 효과가 있는지는 잘 모르겠다

　③ 그렇게 해본 적이 거의 없다

제9계명

22. 수업 시간에 선생님 말씀에 집중하고 중요한 부분을 표시하면서 필기하는가?

　① 그렇게 한다

　② 그냥 선생님이 적어준 대로 필기한다

　③ 필기도 대충 한다

23. 공부할 때 집중하는 편인가?

　① 거의 집중한다

　② 보통이다

　③ 거의 집중하지 않는다

24. 일간 목표와 계획을 세우고 공부하는가?

① 세우고 한다

② 세울 때도 있고 그렇지 않을 때도 있다

③ 거의 안 세운다

25. 등하교 시간, 휴식 시간 등 자투리 시간에도 공부를 하는 편인가?

① 자투리 시간이 집중이 잘돼서 잘 활용하는 편이다

② 하긴 하는데 효과는 적다

③ 안 한다

제10계명

26. 책 읽기를 좋아하는가?

① 책 읽기를 좋아하고 많이 읽는다

② 책 읽기를 좋아하지만 많이 읽지는 않는다

③ 책 읽기를 싫어해서 거의 안 읽는다

27. 공부와 관련 없는 책도 자주 읽는가?

① 자주 읽는다

② 가끔 읽는다

③ 거의 안 읽는다

28. 책 읽는 속도가 빠른 편인가?

① 빠른 편이다

② 보통이다

③ 느린 편이다

29. 매일 일기나 글을 쓰는가?

① 매일 쓰는 편이다

② 가끔 쓴다

③ 거의 안 쓴다

진짜 공부 리스타트

30. 글을 잘 쓴다는 말을 듣는 편인가?

　　① 자주 듣는다

　　② 가끔 듣는다

　　③ 거의 듣지 못한다

스스로 진단해보고 최종 평가 점수를 확인해보자. 영역별 점수도 점검해 부족한 영역을 체크한다. 점수가 나쁜 영역은 빨리 보완하지 않으면 진보하기 어렵다.

제1계명
분류하기: 체계적인 기억 저장법

가장 기본적인 공부 방법이자 핵심적인 방법이 '분류'다. 10계명 중 분류가 먼저 나오는 이유이기도 하다. 우등과 열등을 가르는 극명한 차이 중 하나가 분류 능력에서 비롯된다. 간혹 암기력이 부족하여 공부를 못한다는 학생을 조사해보면 암기력 탓이 아니라 분류 방법을 잘 모르는 데서 기인하는 경우가 꽤 있다.

분류란 대상을 목적에 따라 공통적인 부분끼리 묶고, 다른 부분은 나누는 작업이다. 여기에 볼펜, 노트, 연필, 의자, 수첩, 사인펜, 샤프, 메모지, 만년필, 책상이 있다고 치자. 물건 이름을 모두 외워

어떻게 머릿속에 넣을까?

분류하라!

보자. 공부를 못하는 학생들은 대개 '볼펜, 노트, 연필…' 식으로 몇 번 중얼거리다가 4~5개를 겨우 외우고 지친다.

의미 없이 외우는 건 시간이 지나면 머릿속에서 완전히 사라진다. 공부를 잘하는 학생들은 무식한 방법으로 외우지 않는다. 먼저 대상들을 잘 관찰한다. 필기구(연필, 볼펜, 사인펜, 만년필, 샤프)와 필기 대상(노트, 수첩, 메모지), 필기 환경(책상, 의자)을 발견한다. 이와 같이 분류하면 쉽게 외워질 뿐 아니라 오랫동안 기억할 수 있다.

또한 질문에 대해 논리적으로 답변할 수 있다. 예를 들어 면접관이 "당신이 본 것이 무엇입니까?" 하고 묻는다면 공부를 못하는 사람은 이렇게 대답할 것이다. "볼펜, 노트, 연필… 그리고 뭐더라? 아, 의자, 수첩이요. 그다음에는… 기억이 잘 안 나네요.”

분류를 잘하는 학생은 이렇게 대답한다. “3가지 유형의 물건이 있습니다. 첫째는 필기구, 둘째는 필기 대상, 셋째는 필기 환경입니다. 필기구는 심의 강도를 기준으로 다시 3가지로 구분할 수 있습니다. 첫째는….” 둘 중 누가 더 똑똑해 보이는가? 실제로 누가 더 똑똑한가?

1주일 후에 같은 질문을 해보자. 무턱대고 외운 학생은 그나마 외웠던 항목의 반도 기억하지 못할 것이다. 분류를 통해 외운 학생은 거의 다 기억한다. 사실 외울 필요조차 없다.

가장 좋은 공부는 무식하게 외우지 않는 것이다. 머리에 차곡차곡 분류해서 집어넣으면 암기력이 부족해도 오래 기억할 수 있으며 필요하면 언제든 찾아 쓸 수 있다.

분류를 잘하면 복잡한 것을 놀랍도록 단순화할 수 있다. 단순화할 뿐 아니라 일목요연하게 정리할 수 있다. 단순하고 일목요연할수록 머릿속에 넣기 쉽고 오래 기억한다. 주의할 점은 분류 방식이 억지스럽지 않고 논리적 타당성이 있어야 한다. 복잡한 것을 단순화하는 훈련이 되면 공부 잘하는 방법의 50%는 마스터한 셈이다.

잘 가르치는 선생님은 분류에 근거하여 설명한다. “공부 방법에는 크게 2가지 영역이 있어. 기본기를 쌓는 영역과 실전에서 좋은 성과를 거두게 하는 영역이야. 기본기를 쌓는 영역은 3가지로 나

뉘지⋯.” 이렇게 설명하면 머릿속에 쏙 들어오지 않는가! 잘 가르치지 못하는 선생님은 나열만 한다. “자, 이제부터 공부 방법을 알려줄게. 1번⋯ 2번⋯ 100번⋯.” 머릿속에 잘 들어오는가? 집중력과 암기력이 뛰어난 학생들만 기억할 것이다. 대다수는 1번에서 3번 정도만 기억하고 그마저 며칠이 지나면 기억에서 사라질 것이다.

이런 질문을 하는 학생이 있을 수 있다. “이 방법이 성적을 올리는 것과 관계가 있나요? 실제로 성적을 올리려면 영어 단어를 열심히 외워야 하는 것 아닌가요?” 내일 시험을 치기 위해 벼락치기로 공부한다고 할지라도 이 방법은 효과가 있다. 벼락치기를 하려면 짧은 시간에 많은 내용을 머릿속에 집어넣어야 한다. 어떻게 넣겠는가? 내가 지도한 학생들은 분류 방식으로 큰 효과를 보았다.

절대 무식하게 머릿속에 때려넣지 말자. 항상 분류하자. 그러면 현상들을 쉽게 정리하고 오래 기억할 수 있다.

대충 여러 번: 반복을 통한 멀티 사고법

'대충 여러 번'은 내가 과외를 하면서 작심삼일의 결단력이 부족한 학생들, 잦은 실패로 자신감을 상실한 학생들, 공부에 있어서 성취감을 맛보지 못한 학생들에게 사용해서 성공한 방법이다.

나는 과외를 할 때 학생들이 사용하던 교재를 본다. 대개 앞쪽만 새까맣다. 나는 교재를 처음부터 꼼꼼히 다루지 않는다. 각 장의 핵심만 빠르게 학생과 함께 살펴본다. 꼼꼼히 하면 6개월 걸릴 교재를 2개월 내에 끝낸다. 그러면 학생들의 자신감은 높아진다. '내가 이 책을 끝냈다'고 여긴다. 이후 다시 처음으로 돌아가서 반복해서 본다. 꼼꼼하게 1회 볼 시간에 총 3회를 본다. 이 방법으로 나는 수많은 학생들의 성적을 비약적으로 오르게 했다.

대충 그리고 끝까지

공부를 '대충' 하라는 말은 거의 들어본 적이 없을 것이다. '꼼꼼히' '철저히' '열심히' 공부하라는 말만 귀에 못이 박히도록 들었을 것이다. 꼼꼼히 하는 공부는 결단력이 강한 몇몇에게는 가능한 방법이지만 대다수의 학생에게는 신통치 않은 방법이다. 그렇게 하고 싶어도 잘 안되기 때문이다. 철저히 공부하고 싶다고 해서 철저히 되는가? 학생이 혼자만의 의지력으로 이 장벽을 깨기는 쉽지 않다. 책장에 있는 책들, 수많은 문제집들을 보라. 1~2장까지만 새까맣고 나머지는 거의 새 것이나 마찬가지 아닌가! 처음부터 끝까지 본 책이나 문제집이 과연 얼마나 되는가?

일단 어떤 과목이든 처음에는 대충 보자. 빠른 시간 안에 대충 보되 끝까지(또는 자신이 목표로 정한 범위까지) 본다.

대학 신입생들이 영어 원서를 공부하는 경우 첫 장부터 펜으로 긋고 영어 사전을 찾으며 뿌리를 뽑으려 한다. 공부 잘하는 학생 가운데에서도 이와 같은 방법을 실행하는 학생들이 적지 않다. 하루 종일 공부해도 몇 장 넘기기 어려운 공부법이다. 의지력이 약한 학생이라면 하루이틀 하다가 결국 지쳐서 포기하고 만다.

그러면 어떤 방법으로 공부해야 좋을까? 이해가 잘 안되는 부분은 건너뛰고, 복잡하게 보이는 부분도 건너뛴다. '나중에 이해하면 된다'는 편한 마음가짐으로 이해할 수 있는 부분 중심으로 검토하고 넘어가자. "과연 효과가 있을까?"라고 묻는다면 아주 큰 효과가 있다고 답하겠다. 중요한 건 자신이 정한 범위까지 보는 것이다. 대충 봐야지만 짧은 시간에 처음부터 끝까지 볼 수 있다.

처음부터 끝까지 대충 본 후 다시 한 번 보자. 끈기 있는 사람이 책을 처음부터 끝까지 1회 꼼꼼히 볼 시간에 나는 2회 이상을 보게 된다.

어떤 책이건 통째로 1회 본 것과 보지 않은 것에는 큰 차이가 있다. 통째로 보면 책의 전체 흐름과 구성을 알 수 있다. 중간에 어떤 내용을 다루고 끝에 어떤 이야기를 하는지 대략 파악할 수 있다. 산 높이가 몇 미터이며 어느 코스로 가야 하고 정상에 무엇이 있는지 등의 정보를 대강 파악하고 산을 오르는 것과 아무것도 모른 채 막막하게 한 걸음 한 걸음 산길을 내딛는 것은 목표에 이르는 데 있어 엄청나게 차이가 난다.

'대충 여러 번'의 방법이 과학적으로 의미가 있는 이유는 사람의 기억 구조상 꼼꼼하게 1회 보는 것보다 대충 여러 번 보는 것이 우리 기억에 훨씬 오래 남기 때문이다.

여러 번 그리고 빨리

공부할 때 다음 방법을 적용해보자. 처음에는 대충 보고 두 번째는 자세히, 세 번째 이후에는 대강 보라. 재미있는 사실은 처음에 대충 보면 다음에 자세히 볼 때 의외로 시간과 노력이 많이 들지 않는다는 점이다. 놀랍지 않은가! 시도해본 사람만이 알 수 있다.

같은 내용을 여러 번 반복해서 보면 기억하는 속도가 빨라져서 빠른 시간 내 전체 내용을 대부분 파악하게 된다. 시험 전날 1~2시간만 투자해도 책 하나를 모두 정리할 수 있게 된다. 남들이 1~2회 보는 시간에 10회나 볼 수 있다는 말은 거짓이 아니다!

그렇다면 속독법을 배우면 더 효과적이지 않느냐고 물을 수도 있다. 나 자신이 속독법을 배워본 적이 없어 단정하기 어렵지만,

굳이 속독법까지 배울 필요는 없다. 빠르게 책을 읽는 것이 초점이 아니기 때문이다.

이와 연관되는 기법이 또 하나 있다. 내 경험에서 우러나온 방법이다.

과거에는 대학원 입학 시험 중 영어 시험에서 단어를 맞히는 문제가 많이 출제되었다. 영어 단어 2만 2천 개, 3만 3천 개를 다루는 책이 유행했고, 책에 나오는 단어들을 달달 외워야 시험에서 좋은 성적을 거둘 수 있었다. 학생 대다수가 그 책을 끼고 몇 개월간 학원을 다니며 고생스레 공부했다. 평소 외우는 것을 싫어했던 나는 단어로 가득 찬 책을 보기가 지겨워서 계속 공부를 미뤘다.

시험을 2주 앞두고 처음으로 영어 테이프를 듣기 시작했다. 다행히 테이프는 몇 개 되지 않았다. 처음부터 끝까지 강의 테이프를 대충 들었다. 이해가 안되거나 중간에 놓친 부분이 있어도 멈추지 않았다. 두 번째에는 강의 테이프를 다시 들으며 책을 보고 연상법 등을 사용하여 내용을 충분히 이해하였다. 세 번째부터는 강의 내용은 듣지 않고, 영어 단어와 뜻만 녹음한 2~3개의 압축 테이프를 반복하여 들었다. 매일 듣다 보니 저절로 외워졌다. 결국 정해진 기간 내에 그 책의 단어를 모두 외울 수 있었다. 앞서 밝혔듯이 나는 암기력이 아주 약한 사람이다.

처음에는 '대충' 끝까지 보라.

두 번째는 세부적으로 보고 정리하며 이해하라.

세 번째부터는 정리한 내용 위주로 반복하여 여러 번 보라.

자세히 끝까지 1회 공부하는 시간에 3회 이상 볼 수 있고, 머릿속에 전체 내용을 각인할 수 있다.

제3계명
큰 그림화: 전체를 보는 구조화 방법

공부를 잘하기 위해서는 큰 그림을 그릴 줄 알아야 한다. 즉, 나무보다 숲을 먼저 보라는 의미다. 조금 어려운 말로 '구조화'라고 한다. 성적과 관계없이 공부를 아주 어렵게 하는 학생이 있다. 심지어 1등을 하는데도 어렵게 공부한다. 이런 학생들을 잘 관찰해 보면 지엽적으로 공부하고, 지엽적인 정보들만 머릿속에 넣는다. 그래서 특정 영역의 지식이 뛰어나서 단편적인 문제는 쉽게 풀지만 복합적이고 종합적인 문제들은 잘 해결하지 못한다.

분류하고 연관 관계를 파악하라

앞서 언급했듯이 단편적인 지식을 묻는 문제는 점점 줄어드는 추세다. 검색만 하면 금방 답이 나오기 때문이다. 종합적이고 복합적인 문제를 해결하기 위해서는 '숲'을 보는 능력이 필요하다. 큰

그림을 그려서 전체 모양을 파악하고 그 아래 세부 사항들의 연관
성을 알아야 한다.

이와 같은 공부법에 익숙해지면 복잡하고 다양한 내용을 일목

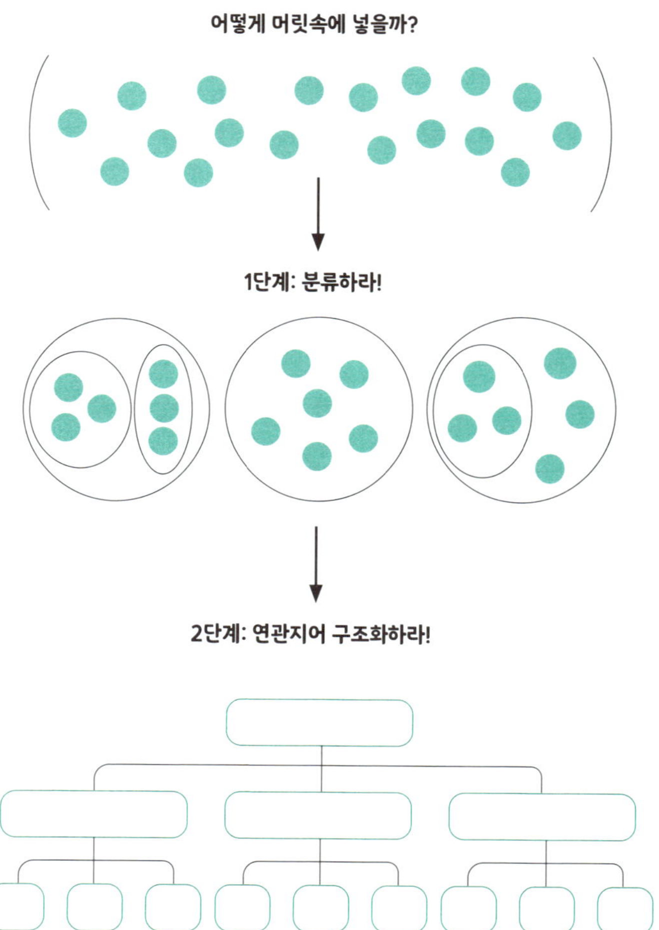

진짜 공부 리스타트

요연하게 정리할 수 있어서 고통스럽게 암기하지 않아도 오랫동안 기억할 수 있고, 기억을 되살리는 데도 용이하다.

바둑을 잘 두는 사람은 일단 큰 그림을 그리는 포석을 깐 후 국지전을 벌인다. 바둑을 못 두는 사람은 구석에 있는 몇 알 잡는 데온 신경을 쓰다가 전부 몰살당하거나 나중에 자기 집을 전혀 만들지 못한다. 이렇게 큰 그림을 그릴 수 있는 사고를 '구조적 사고'라고 한다. 구조적 사고를 하려면 구성 요소들의 연관 관계를 파악해야 한다.

제3계명은 제1계명과 밀접한 관련이 있다. 제1계명에서는 여러 개로 분산된 정보를 분류하여 단위를 크게 보라고 했다.

제3계명은 분류된 것들 간의 연관 관계를 파악해 총체적인 그림을 그려서 머릿속에 넣는 작업이다.

최고의 개념서 '목차'를 적극 활용하라

다음 단계로, 분류한 것을 연결하여 큰 그림을 그린다. 제1계명에서 분류의 예로 든 필기구, 필기 대상, 필기 환경 등 3가지는 쉽게 연결된다. '책상(필기 환경)에 앉아 필기도구를 가지고 필기 대상에 필기한다'와 같이 3가지를 연결하면 하나의 큰 그림이 그려진다.

실제 공부에 적용해보자. 책을 볼 때 큰 그림을 그릴 수 있는 좋은 도구가 책의 '목차'다. 목차는 책의 세부 내용을 분류한 것이다.

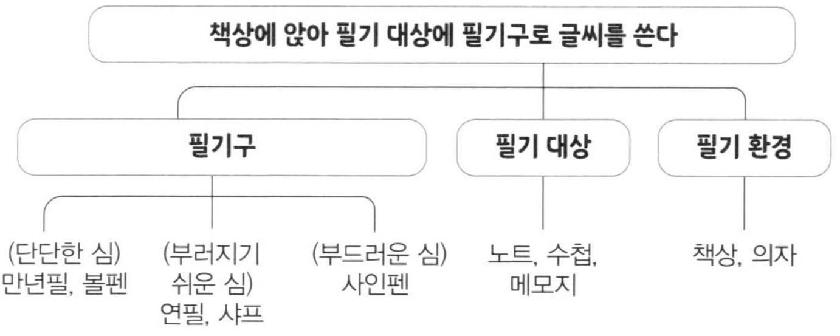

우선 목차를 파악하고, 다시 한번 목차를 분류 상호 연결해 구조화하면(큰 그림을 그려보면) 전체 내용을 완전히 파악할 수 있다. 공부를 어렵게 하는 사람들은 목차에 별로 신경 쓰지 않는다. 곧바로 내용으로 들어간다. 그러니 어떤 맥락인지 알 도리가 없다. 공부할 때는 가장 먼저 목차를 보고, 목차를 별도로 옆에 두자. 학습 내용이 어디에 위치했는지 확인하는 습관을 들이자. 그리고 목차 간의 연관 관계를 따져 책 전체(또는 각 장) 구조를 파악하는 연습을 하자.

연습 문제를 내겠다. 자신이 충분히 이해했다고 생각하는 책 하나를 꺼내보자. 예를 들어 200쪽에 15장(챕터)으로 구성된 책이라면, 이 책의 전체 내용을 설명해본다. 처음에는 5분간 설명하고, 다음에는 30분 동안 설명해야 한다.

자, 어떻게 하겠는가?

하수는 단편적으로 책 내용을 이야기하는 사람이다. "이 책에는 무슨 내용이 있고요, 무슨 내용이 있고요…" 이렇게 설명한다. 대

　　　　　　　　　　　　　　　　진짜 공부 리스타트

다수의 학생이 쓰는 방법이다. 5분간 설명하라고 하면 책의 앞부분만 조금 설명하고 30분간 설명하라고 하면 책의 중간 정도까지 말한다. 체계 없이 이 이야기를 했다가 저 이야기를 한다.

공부를 조금 할 줄 아는 학생은 목차 중심으로 설명한다. "1장에 뭐가 있고요, 2장에는…, 3장에는…." 이 정도만 되어도 훌륭하다. 그러나 5분간 이야기하라고 하면 1~2장 내용을 설명하다가 그치고 30분간 설명하라고 하면 책의 일부만 말하다 끝나는 경우가 많다. 공부를 잘하는 사람들은 다음과 같은 과정을 거친다.

① 먼저 15개의 장들을 한 번 더 분류한다

15개의 장들이 각각 다른 이야기를 하는 건 아니다. 15개의 장들도 또 몇 개의 그룹으로 정리할 수 있다. 예를 들어 화학에 관한 책이라면 '이론'에 관한 장, '실험'에 관한 장, '응용'에 관한 장으로 분류할 수 있다.

② 분류한 것들 간의 상호 연관 관계를 맺어서 스토리를 만들거나 큰 그림을 그린다

'아! 이 책은 처음에는 이론을 이야기하고, 그 이론의 타당성을 실험을 통해 입증하는구나. 그다음에는 실제 환경에 적용할 수 있는 다양한 예시를 만드는구나' 식으로 정리한다.

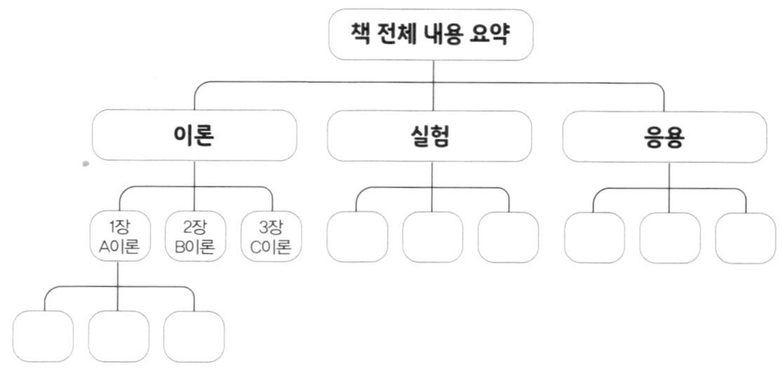

위의 두 과정으로 정리한 학생은 다음과 같이 책 내용을 설명할 것이다. "이 책은 화학의 이론과 실험, 응용 영역에 대해 서술한 책입니다. 이론을 조금 더 세부적으로 검토해보자면 A이론, B이론, C이론 등 3가지로 나눌 수 있습니다…."

책의 내용을 5분 동안 설명하라고 하면 첫 단계까지 말하고, 30분 동안 설명하라고 하면 한 단계씩 아래로 내려간다. 5분, 30분, 몇 시간 동안 설명하라고 해도 전체 내용을 정리해 말할 수 있다.

무조건 위와 같은 방법으로 책의 구조를 정리하자. 이후 첫 단계를 다시 분류해 동일한 방법으로 구조화하면 각 장의 내용이 모두 깔끔하게 정리된다. 계층 형태로 학습하면 총론부터 각론까지 모두 파악할 수 있고, 각 각론이 어디에 위치하고 왜 거기에 위치하는지 이해할 수 있다.

위의 방법을 더욱 효과적으로 활용하려면 종이에 도표로 만들

진짜 공부 리스타트

거나 그림으로 그려본다. 사람의 두뇌는 도표나 그림을 더 쉽게 기억한다. 처음에는 어렵게 느껴질 수 있으나 조금 훈련이 되면 공부할 때 자연히 위의 방법대로 하게 된다.

"이렇게 안 하고도 공부 잘하는 사람이 있는데요?"라고 반문할 수도 있다. 당연하다. 앞서 말한 바와 같이 괴물처럼 공부하는 학생이 여기에 해당한다. 인내심만 믿고 무식하게 수없이 반복해서 머리에 집어넣겠다면 지금껏 말한 방법을 잊어도 된다. 1등도 가능하다. 그러나 아주 많은 시간을 들여야 한다는 걸 기억하라.

이렇게 질문하는 학생도 있다. "마구잡이식으로 외우지 않고 신박사님이 말한 방법대로 하지 않으면서도 1등 하는 사람을 봤는데요?" 있을 수 있는 일이다. 그러나 흉내 내면 망칠 수 있는 방법임을 기억하라! 특수한 사람과 특수한 경우는 어디에나 있게 마련이다. 다만 당신이 그 특수한 사람이 아닐 가능성이 훨씬 높다는 걸 명심하자.

제4계명
모으기: 휴대 간편한 1쪽 정리법

공부를 잘하는 학생은 누가 가르쳐주지 않아도 스스로 그 방법을 깨우치는 경우가 많다. 다른 공부 잘하는 사람의 방법을 듣고 "저거야! 나도 저렇게 해서 정말 효과를 보았지" 하고 무릎을 치는 경우가 있는데 그중 하나가 바로 제4계명이다.

논리적이고 체계적으로 머리에 입력하는 사람은 쉽게 기억하고, 습득한 다양한 지식들을 용이하게 상호 연계한다. 분산된 지식들을 주워담는 식의 공부는 고통과 노력을 동반할 뿐만 아니라 필요한 때에 기억하거나 지식을 연결하기 어렵다.

'분류'와 '큰 그림화' 외에 논리적이고 체계적으로 머릿속에 입력하는 방법이 '하나로 모으기'다. 그중 대표적인 방법이 자신이 공부하고자 하는 내용을 '1쪽'에 정리하는 것이다. 주요 내용을 깨알같이 빡빡하게 넣은 컨닝 페이퍼를 만들어본 경험이 꽤 있을 것이다. '1쪽' 정리법도 이와 마찬가지로 B4 크기의 용지를 반으로 접어서 한 면부터 내용을 깔끔하게 정리한다.

정리 기술은 뒤에 자세히 설명하겠지만 우선 일목요연하게 볼 수 있도록 번호를 매기고, 주요 부분은 색칠하고, 필요하면 표를 그리거나 선을 긋는다.

시험 날짜가 가까워지면 시험 범위를 앞의 방법으로 정리하자. 정리한 쪽지를 들고 다니면서 시험장으로 가는 차 안에서 공부하고, 시험 시간 바로 직전까지 공부한다. 시험 범위가 좁고 하루에 1~2과목만 치르는 내신 시험에서는 특히 큰 효과를 거둘 수 있다.

하루에 많은 과목을 치르고 공부량이 많은 모의고사나 경시대

  진짜 공부 리스타트

회, 수능은 정리하는 시간이 훨씬 많이 걸린다. 그러나 이렇게 정리해놓으면 시험 전날에도 몇 과목을 단번에 끝낼 수 있다.

'하나로 모으기'와 연관된 또 하나의 방법이 '단권화'다. 공부를 잘하는 사람들은 거의 이 방법을 사용한다.

한 과목을 공부한다고 하면 보통 교과서와 참고서 몇 권을 보고 문제집 몇 권을 푼다. 교과서마다 참고서 1종은 있을 테고, 선생님 설명을 듣고 노트에 필기할 것이다. 한 과목에 교과서와 참고서, 문제집, 노트 등 여러 자료가 널려 있으면 이를 소화하기가 쉽지 않고 체계적으로 머릿속에 넣기가 힘들다. 이 책 저 책 보느라 시간은 시간대로 소모하고 별 효과를 보지 못한다.

이럴 바에야 교과서와 문제집 하나씩만 착실히 보는 게 어쭙잖게 이 책 저 책 보는 것보다 효과적이며 효율적이다. 그러나 최상급 성적을 바란다면 내용을 심층적이며 다양한 각도에서 보기 위해 여러 책을 펼칠 수밖에 없다. 이때 유용한 방법이 단권화다.

단권화는 기본서(또는 노트)에 공부한 모든 책들의 내용을 집어넣어 해당 과목을 하나로 묶어서 정리하는 방법이다. 범위가 정해져 있고 전날에 벼락치기가 가능한 내신보다는 하루에 많은 과목을 치르는 수능과 각종 자격 시험에 절대적으로 유리한 방법이다.

처음에는 책 여러 권을 보면서 정리해야 하므로 시간이 걸릴 수 있다. 정리하다 보면 이해도가 높아진다. 고생해서 일단 정리해놓으면 두꺼운 책을 다시 볼 필요가 없다. 정리한 것만 보면 된다.

핵심 키워드 찾기: 고도의 내용 요약법

어떤 내용을 그냥 듣거나 읽는 것만으로 핵심을 찾고 줄거리를 파악해 정리하기는 상당히 어렵다. 선천적인 능력이 있거나 공부에 숙달된 사람만이 할 수 있는 방법이다. 결국 공부의 핵심 방법은 '요약'에 있다.

+ 요약의 이점

① 공부하려는 내용의 핵심을 찾게 해준다.
② 머릿속에 더 기억하기 쉽게 해준다.
③ 집중하게 해준다.

+ 효과적인 요약 훈련법

- 매일, 수업마다 요약 훈련을 한다. 내용 전체 요약과 한 문장 요약을 병행한다.
- 요약한 내용이 '핵심 내용'인지 확인한다. 지엽적이거나 비핵심적인 내용의 요약은 효과가 없다.

요약의 4대 비법은 다음과 같다.

① 도식화하고 이미지화한다

사람은 글자보다 이미지를 더 쉽게 기억한다. 내용 전체를 대상으로 삼아도 좋고, 특정 내용을 대상으로 해도 좋다. 마인드맵 등의 기법을 별도로 배울 필요는 없다. 단순해도 된다.

+ 도식화 방법 3가지

- 원이나 네모로 핵심 사항을 표시하고 분류한다.
- 선을 이용하여 연결 관계를 표시한다.
- 화살표로 인과 관계를 표시한다.

② 내용을 체계적으로 정리한다

문장들을 요약문 형식으로 기록한다. 분류한 내용들에 대번호, 중번호를 매겨서 내용의 레벨과 순서를 명확히 한다.

③ 키워드를 찾는다

공부 내용을 대변하는 핵심 단어가 키워드다. 키워드를 찾기 위해서는 '여기서 말하고자 하는 바를 한마디로 정리하면 무엇인가?' '결론이 무엇인가?'라는 질문을 던져볼 필요가 있다. 스스로 찾을 수도 있지만 수업 시간에 선생님이 제시해주는 경우도 있다. 선생님이 중요하다고 한 것, 시험에 나온다고 한 것, 반복하는 것은 붉은색으로 표시하고 옆에 태그(별표 표시 등)를 단다. 핵심 구절 및 핵심 단어에는 밑줄을 긋는다.

④ 공부한 내용을 한 문장으로 요약한다

키워드 찾기와 마찬가지로 '여기서 말하고자 하는 바를 한 문장으로 말하면 무엇인가?' '결론이 무엇인가?'라는 질문을 던져봄으로써 중심 내용을 찾을 수 있다.

수업 시간마다, 공부할 때마다 항상 요약의 4대 정리 방법으로 노트에 기록하고 정리하는 습관을 들인다. 공부 과정 자체가 정리 과정이라고 해도 지나치지 않다. 공부를 정리와 동일하게 여겨라. 너저분하게 나열된 지식은 머리에 넣기가 어렵다. 4가지 요약법으

+ 4대 정리 방법

비법1 도식화 정리

비법2 내용 정리
1. ___________
① ___________
② ___________
2. ___________
3. ___________

비법3 키워드 정리
예: 홍길동

비법4 한 문장으로 요약하기
예: 홍길동은 의적이다

로 정리하면 복잡한 내용들이 단순화된다. 기억하기 쉽고 다른 사람에게 설명하기에도 편리하다.

요약은 뇌를 활성화한다

요약 습관의 또 다른 매력은 집중력을 높여준다는 점이다. 선생님의 말씀을 그대로 받아쓴다고 해보자. 아무래도 내용 이해보다 쓰기 자체에 집중하게 된다. 그러나 요약하면서 기록하면 사람의 두뇌는 내용 이해를 위해 작동하게 되고 자연스럽게 학습자의 집중력이 배가된다. 스스로 공부를 할 경우에도 마찬가지다. 요약하면 일차적으로 내용 이해의 과정을 거치게 되고 자연스럽게 집중력이 강화된다.

물론 때에 따라서는 선생님의 필기를 그대로 받아써야 할 경우도 있다. 이때는 굳이 요약 정리하려고 하지 말고 받아 적는다. 그

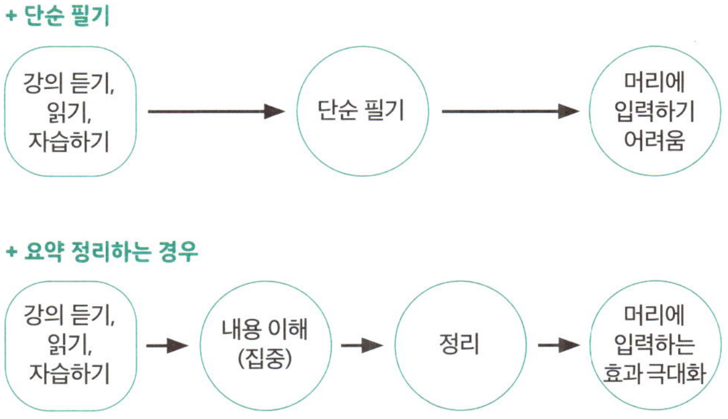

대신 필기하면서 선생님이 강조한 내용, 반복한 내용, 중요하다고 한 내용에는 붉은색으로 밑줄을 긋고 표시를 하자. 필기한 내용 중 핵심을 스스로 확인할 수 있어야 한다. '기계적인 필기는 의미가 없으니 선생님 말씀에만 집중하여 모든 것을 이해하라'고 한 책을 본 적이 있다. 기억력이나 집중력은 비상한 특정인에게만 적용되는 것이지 일반적인 적용 방법은 아니다.

제6계명
이해하기: 바탕 다지는 개념 원리법

    수많은 학생을 가르치면서 놀라는 사실 중 하나는 당연히 이해했겠거니 생각한 '개념'을 의외로 많은 학생이 명확히 알지 못한다는 점이다. 개념은 추상적이라 다 아는 내용처럼 느껴지기 때문에 의외로 개념 이해를 간과하는 경향이 있다.

    수학에 나오는 각 단원의 개념, 예를 들어 '적분이 의미하는 바는 무엇인가?' '적분 공식이 의미하는 바는 무엇인가?'와 같은 기본적인 질문에 명쾌하게 답할 수 있어야 한다. 공식의 유도 과정을 이해하면서 왜 그렇게 과정이 전개되는지 이해해야 한다.

    특히 수학이나 과학 과목은 개념을 명확하게 이해하지 않으면 좋은 성적을 거두기 어렵다. 면접 등 구술 시험에서는 문제 풀이보다 개념을 묻는 문제 비율이 높기 때문에 개념 정비는 더더욱 필수적이다. (참고로 사회과학 과목은 개념도 중요하지만 내용을 분류하고 여러 차원으로 분석하는 학습에 집중해야 더 좋은 점수를 얻을 수 있다.)

수학이나 과학 과목은 개념을 명확하게 이해하면 많은 노력을 들이지 않고도 좋은 점수를 획득할 수 있다.

핵심 개념 훈련법

핵심 개념을 이해하는 2가지 방법을 소개한다.

① 질문: 'Why?' 'How?'

2가지 질문만으로도 핵심 개념을 이해하는 데 매우 도움이 된다. 책상 위에 'Why?'와 'How?' 두 단어를 붙여놓자. '왜 이렇게 되었을까?' '왜 이 결과가 나왔을까?' '왜 이 공식이 나왔을까?'를 질문해본다. 개념(또는 결론, 공식, 현상)이 나오게 된 배경과 이유, 원인을 파악할 수 있다. 다음으로 이 문제를 '어떻게 해결했지?' 하고 질문해보자. 개념을 도출하게 된 단서와 아이디어, 방법을 파악할 수 있다.

'Why?'와 'How?'는 몇 차례 반복해야 한다. 자꾸 묻다 보면 자연스럽게 개념의 이해에 접근하게 된다. 또한 내 안에 잠자고 있던 지적 호기심을 깨우게 된다. 지적 호기심이 발동하면 집중력,

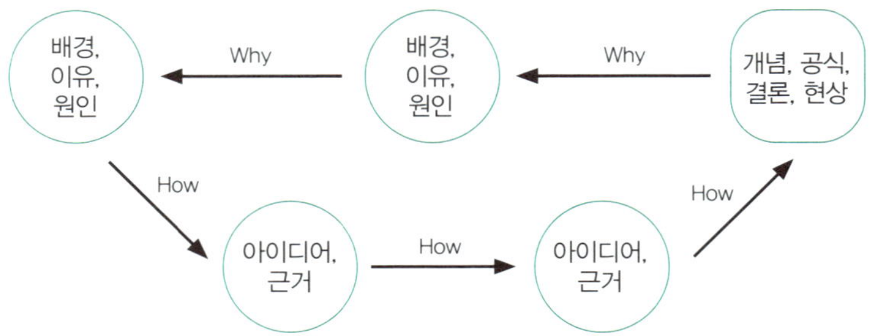

성적 향상 면에서 탄력을 받는다.

주의할 점은 이 책을 읽는 독자의 대다수가 박사 과정의 학생이 아닌, 입시나 특정 시험 등을 치르는 학생들이므로 시간 한계상 너무 깊이 빠지는 건 적절하지 않다. 초중고 시기에 배우는 내용들이 단순해 보이지만 실제 하나하나의 내용은 수많은 학자의 연구 결과를 집대성한 결과물이다. 깊게 들어가면 한도 끝도 없다. 수학의 적분 개념 하나만으로도 한 학기 내내 연구할 수 있다.

현재의 입시 제도는 한 과목만 잘한다고 모든 것이 보장되지 않는다. 그러므로 교과서에 있는 개념이나 공식에 초점을 맞춰 공부해야 한다. 개념이 나오게 된 배경과 문제 해결 과정의 아이디어 정도만 이해하고 소화하는 것만으로도 충분하다.

② 문제 풀이: 개념 적용 이해법

책을 통해 공식과 개념을 이해했다고 만족하지 말자. 이어서 그

 　　　　　　　　　　　　　　　　　　　　　　　진짜 공부 리스타트

개념과 공식을 활용하는 문제를 풀어보라.

개념이나 공식을 직접 대입하는 문제부터 시작해, 숙달되면 개념을 응용한 유형의 문제를 풀어본다. 확실치 않았던 개념은 정리되고 잘못 알았던 개념은 교정된다. 새롭게 이해한 개념은 다시금 노트에 보완하여 개념을 명확히 하는 과정을 거쳐야 한다. 개념을 먼저 이해하고 문제를 푸는 게 일반적인 순서이지만, 개념과 직접적으로 연관된 쉬운 예제를 먼저 풀고 나서야 개념이 이해되는 경우도 있으니 필요에 따라 방법을 바꾸어도 좋다.

개념 정리 과정을 거치지 않고 단어와 공식만 외워서 문제만 계속 풀어대는 건 가장 비효율적인 방법이다. 시간은 시간대로 소비하지만 기초적인 문제밖에 해결되지 않는다. 반드시 개념을 명확화하라.

핵심 개념의 이해 여부는 어떻게 확인할 수 있을까? 가장 좋은 방법이 개념을 전혀 모르는 사람에게 설명하는 것이다. 개념이나

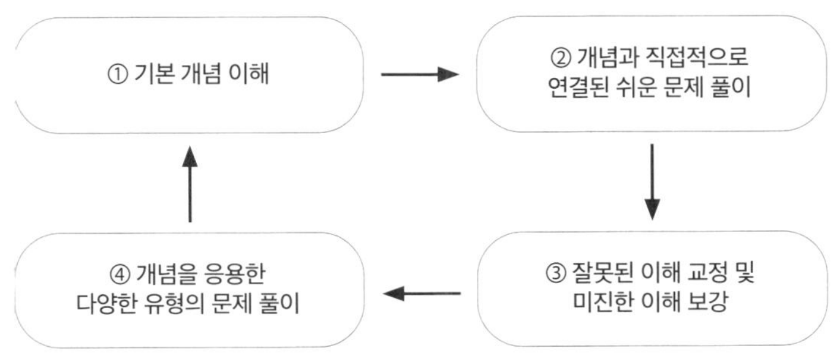

공식이 왜 나오게 되었는지, 직면한 문제를 어떤 개념을 응용하여 해결했는지 설명하는 데 어려움이 없고, 듣는 사람이 잘 이해했다면 개념을 비교적 잘 알고 있다고 판단할 수 있다.

제7계명
분석하기: 재구성을 통한 횡 사고법

공부 방법은 크게 2가지로 나뉜다. 그중 하나가 '종' 공부법이다. 책을 목차 순서대로 공부하는 공부법이다. 목차의 중요성에 대해서는 앞에서 밝혔지만, 목차는 논리적인 순서로 배열되어 있기 때문에 목차를 보면 책 하나를 이해하는 데 매우 도움이 된다.

한국사 과목은 목차를 연대순으로 나열하고 다른 과목들은 난이도나 주제에 따라 목차를 나열한다. 대부분의 수업은 목차 순서대로 진행하는 데다 내신 시험도 교과서 범위 내에서 출제되기 때문에 학생들은 종으로 공부하는 방법에 익숙한 편이다.

한국사 수업에서는 삼국시대를 마치면 고려시대를 공부하고 그다음에 조선시대를 공부한다. 고려시대를 배울 때는 그 시대의 정치, 경제, 문화, 예술 등을 학습한다. 조선시대, 삼국시대도 동일하다. 금번 중간고사의 범위가 고려시대라면 고려시대만 철저하게

　　　　진짜 공부 리스타트

		목차별(종의 공부)			
		1장 (삼국시대)	2장 (고려시대)	3장 (조선시대)	4장 (근대)
주제별 (횡의 공부)	주제 1 (문화)				
	주제 2 (경제)				
	주제 3 (정치)				

공부하면 된다. 다른 시대는 몰라도 상관없다.

수학 과목도 마찬가지로 방정식의 장이 있고, 미분의 장이 있고 적분의 장이 있다. 적분이 시험 범위라면 적분만 잘하면 된다.

복합 문제 풀이에 특효약 '횡' 공부법

모의고사나 수능과 같이 시험 범위가 광범위한 경우 종으로만 공부해서는 풀기 어려운 문제가 많다.

수능을 예로 들어보자. 한국사에서는 고려시대의 경제와 문화, 예술 상황만 묻지 않는다. 역으로 경제 제도나 예술의 관점에서 삼국시대와 고려시대, 조선시대의 특성을 비교하는 문제가 제시된다. 수학도 적분만으로 풀 수 있는 문제가 아니라 방정식과 미분, 적분을 다 알아야 해결할 수 있는 문제가 출제된다. 평소 이러한 방식으로 공부하지 않은 상태라면 문제 해결에 많은 시간이 걸릴 뿐 아니라 혼동되어 문제를 맞히기 어렵다.

여러 문제에 대응하기 위해서는 '횡'의 방식으로도 공부해야 한다. 즉, 주제별로 책 전체의 내용을 분석하고 정리하는 것이다.

목차 내용을 주제별로 재구성한 참고서도 도움이 된다. 과목에 따라 주제별로 책 전체를 정리하기 어려운 경우도 있는데, 이때는 가능한 영역까지만 정리한다.

+ 횡공부법의 이점

① 책 전체를 다른 관점으로 정리하다 보면 내용을 구조적으로 파악하게 된다. 목차별, 주제별로 정리해보면 내용이 명확해지고 머리에 집어넣기 좋다.

② 개념들을 뚜렷하게 알 수 있다. 자신이 잘 안다고 자신하던 개념들이 실제로는 정확하지 않은 경우가 많다. 횡으로 정리하면 개념 정리가 확실해진다. 특히 수학과 과학 과목과 같은 복합 유형의 문제를 푸는 데 도움이 된다.

③ 자기 머리에 다른 검색 키가 생기기 때문에 주제별, 복합 형태의 문제가 나와도 당황하지 않게 된다.

   진짜 공부 리스타트

가르치기: 역할극 이용한 두뇌 촉진법

사람의 뇌 구조상 학습에서 최대 효과를 거두려면 다양한 감각을 복합적으로 사용해야 한다는 것이 정설이다. 읽고, 보고, 듣고, 쓰기를 동시에 진행할수록 기억력이 좋아진다. 책을 읽자마자 바로 이해하고 기억하기는 쉽지 않다. 그러므로 공부할 때는 가능한 한 보고 듣고 글로 정리하는 복합 활동을 통해 나의 신체 기관들을 자극하고 뇌를 활성화해야 한다.

어떤 내용을 암기해야 할 상황에서는 단순히 글로 쓰기보다 쓰면서 소리 내어 외우는 것이 효과적이고, 가만히 앉아서 외우는 것보다 서성이며 다른 사람을 가르치듯이 외우는 것이 더욱 효과적이다. 영어 문장을 암기할 때는 조용한 독서실보다 자신의 목소리에 방해받지 않는 장소를 선택하는 것이 더 낫다.

다른 사람을 가르치는 방법은 공부에 아주 효과적이다. 연구에 따르면 혼자 보고 들으면서 공부하는 경우 약 50%의 내용만 기억할 수 있지만, 다른 사람을 가르치는 경우 90% 정도의 내용을 기억한다고 한다. 가르치는 효과가 그만큼 크다는 뜻이다. 일반적으로도, 배우는 사람보다 가르치는 사람의 공부 실력이 훨씬 향상된다. 만약 공부를 잘하는 학생이라면 가르칠 기회가 많을 것이다.

다른 학생들이 계속 질문하기 때문에 자연히 가르치는 위치에 서
게 된다. 공부 잘하는 학생이 계속 잘하는 이유다.

가르칠 기회가 별로 없다면 어떻게 할 것인가? 가상의 학생에
게 가르치면 된다. 상상하지 말고 크게 소리 내어 가르쳐보자. 흩
어져 있던 지식들이 점차 정리되는 느낌이 들 것이다.

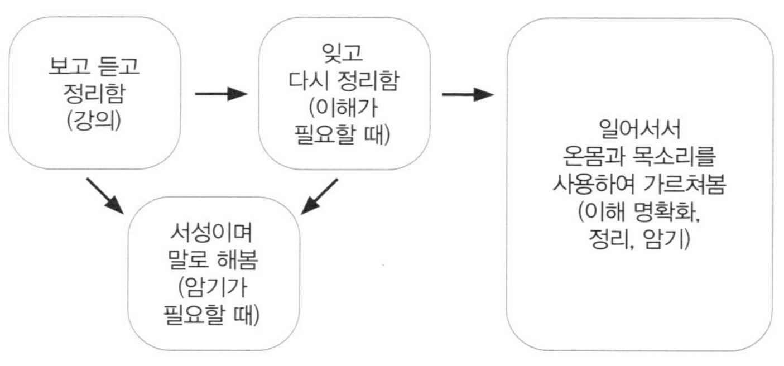

특히 어학과 암기 과목에서 가르침 기법을 사용하면 그 효과가
크다. 수학과 과학은 개념을 중점적으로 가르친다고 상상하면서
설명하자. 자신이 개념을 잘 파악하고 있는지 확인할 수 있다. 범
위가 넓다면 5~10분 동안 누군가에게 설명하듯이 말해보자. 자연
스럽게 목차와 핵심 키워드를 찾게 될 것이고, 요약하는 법을 익
히게 된다.

가르침의 방법은 이해한 내용을 좀 더 명확히 하거나 암기할 때
의 활용법이다. 내용을 잘 모르는 상태에서는 별 효과가 없다. 차

   진짜 공부 리스타트

근차근 내용을 요약해본 후 다음 단계에서 가르치는 방법을 사용한다. 실력이 획기적으로 향상될 것이다.

① 어렴풋하게 정리한 지식을 명확히 정리할 수 있다.
② 가르치면서 온몸과 뇌를 사용하게 되고 지식이 머릿속에 뚜렷이 각인된다.
③ 상대의 질문에 답하면서 새로운 지식들을 공부할 기회가 생기고 다양한 관점에서 내용을 바라볼 수 있다.

제9계명
집중하기: 일타삼피 암기법

공부를 잘하는 학생과 잘하지 못하는 학생은 공부 시간이나 방법, 기법에서 차이가 있지만 그중에서도 '집중력'에서 가장 큰 차이를 보인다. 모든 사람에게는 하루 24시간이 공평하게 주어진다. 학생들은 잠자는 시간과 학교 생활을 제외하면 스스로 공부할 수 있는 시간이 한정되어 있다. 결국 누구에게나 똑같이 주어진 시간을 어떻게 활용하느냐가 관건이다.

집중의 마법은 바로 여기에 있다. 집중하면 1시간을 10시간처럼 만들 수 있다. 반면 집중하지 않으면 10시간이 1시간으로 줄어들 수 있다. 수업을 몇 시간 듣고, 학원에 몇 시간 가고, 독서실에 몇 시간 있었다는 사실보다 몇 시간 집중했는가를 따져야 한다.

집중이란 어떤 상태인가? 공부를 하다가 공부에 빠져들어서 밥도 먹기 싫고, 일어서기도 싫은 상태다.

집중력 강화를 위한 7가지 비법

집중력은 어떻게 강화할 수 있을까?

① 가장 집중할 수 있는 환경을 조성하는 것에서부터 출발해야 한다

집중력이 뛰어난 학생은 장소에 관계없이 집중한다. 그러나 집중력이 부족한 학생은 환경에 예민하다. 몇 군데 장소를 테스트해보라. 집이 집중이 잘될 수 있고, 독서실이 더 나을 수도 있다. 컴컴한 독서실이 더 집중이 잘될 수도 있고, 개방적이고 환한 독서실이 더 낫다고 느낄 수도 있다. 일반적으로 공부가 잘되는 환경이 있지만 개인별로 약간의 편차가 있으므로 자신에게 적합한 환경을 찾자.

② 집중이 잘되는 시간을 파악한다

집중력이 뛰어난 사람은 시간대에 구애받지 않는다. 아직 습관이 덜 들었다면 밤 시간이든 낮 시간이든 자신이 집중할 수 있는 시간대를 찾아라. 단, 생리적 패턴을 고려해야 한다. 새벽 1~3시에 집중이 잘된다고 할지라도 다음 날 수업 시간에 꾸벅꾸벅 졸면 의미가 없다. 적절한 시간을 찾되 학교 수업에 지장이 없는 시간을 찾아야 한다.

③ 집중을 방해하는 요소들을 치운다

물론 집중을 가장 방해하는 요인은 외적인 물건이 아니라 내 마음이다. 방해물을 치워도 혼란스러운 생각, 연애 감정, 다른 것을 하고 싶은 마음 등이 머릿속에서 빙글빙글거리면 집중하기 어렵다. 그럼에도 불구하고 외적 방해 요소를 먼저 정리해야 한다. 수시로 SNS 알람이 울리면 집중하기가 쉽지 않다. 몰두하기 위한 전초 단계에서는 집중에 방해되는 요소를 치우는 것이 필수다.

④ 한 번에 하나만 한다

인터넷 강의를 듣고 있다면 그것만 듣자. 쓸데없이 스마트폰으로 이것저것 확인하지 마라. 수업 시간에는 수업에만 집중해라. 책상 위에도 책을 이것저것 쌓아놓지 말자. 책상 위에 책을 쌓아두면 이 책을 볼 때 저 책이 생각나고 저 책을 볼 때 이 책이 생각나게 된다. 공부할 책 딱 하나만 놓고 다른 책들은 다 치운다.

⑤ 요약 정리한다

책 하나를 펼쳐놓고 공부를 시작한다고 상념이 저절로 사라지는 건 아니다. 집중하려면 머리가 딴생각을 못하게 해야 한다. 가장 좋은 방법이 공부하고자 하는 내용을 요약 정리하는 것이다. 요약 정리를 하면 머리를 써야 하고, 머리를 쓰면 자연히 집중하게 된다.

⑥ 공부의 시작 시간과 끝 시간을 기록한다

몇 시간 집중했는지 스스로 기록해보라. 점차 집중 시간이 늘어남을 확인할 수 있을 것이다. 하나의 게임으로 생각한다면 효과가 더 크다.

⑦ 일단 집중하면 중간에 끊지 않는다

집중 모드에 들어섰다가 종료한 후 다시 집중 모드에 들기 위해서는 상당한 시간이 필요하다. 책상에 앉자마자 집중할 수 있는 사람은 거의 없다. 집중하기까지 항상 시간이 걸린다.

나 자신도 어떤 일에 집중하기까지는 꽤 오랜 예열 시간이 필요하다. 이리저리 뉴스를 검색하고 다른 일도 하다가 어느 순간부터 집중한다. 일단 집중 상태로 들어가면 굳이 쉬기 위해 집중 상태를 끊을 이유가 없다. 끼니를 거를지라도 그 상태를 유지하자.

40~50분 공부하고 10분 쉬는 방식은 학교 수업을 들을 때면 몰라도 스스로 공부할 때 적용해서는 안 되는 방식이다. 예열하는 데 20분을 보내고 이제 겨우 10~20분 집중했는데 다시 쉬면 어떻

　　　　　　　　　　　　　　　　　　　진짜 공부 리스타트

게 되겠는가?

집중을 위한 시간 활용법

자, 조금 더 본질적인 부분으로 들어가보자.

어떤 때 가장 집중이 잘되었는가? 아마도 대다수가 시험 공부를 할 때, 벼락치기로 공부할 때라고 대답할 것이다. 왜 그럴까? 하지 않으면 안 될 상황이 코앞에 닥쳐서 긴장하기 때문이다.

집중을 잘하려면 달성하고자 하는 목표가 바로 앞에 있어야 하고 약간의 긴장이 필요하다. 머나먼 목표를 달성하기 위해서 늘 긴장하고 집중할 수 있는 사람은 많지 않다.

집중을 돕기 위해서는 더욱 본질적인 방법이 필요하다.

① 주어진 시간에 자신이 달성하고자 하는 바를 명확히 정한다

오늘 1시간 공부하겠다고 마음먹는 건 집중할 동기가 되지 않는다. 어떻게든 1시간을 보내면 되기 때문이다. 오늘은 1장 공부를 완료하겠다는 구체적인 목표를 세우고 임해보자. 주어진 시간을 조금 더 빠듯하게 사용할 것이고 자연히 집중력이 높아진다.

'시간'을 목표로 정하지 말고 '분량'을 목표로 정하는 게 집중에 도움이 된다.

② 시험 공부를 한다는 마음가짐으로 공부한다

가장 좋은 방법은 실제 시험을 앞두고 기간을 일정한 간격으로 배치하는 것이다. 이 방법을 적용하기 어렵다면 일정한 간격으로 가상의 시험을 배치하라. 1주일 정도가 좋다. 주말마다 1주일간 공부한 내용을 시험 치는 계획을 만든다.

매주 같은 시간을 정해놓고, 문제집을 하나 선택하여 정규 시험을 보듯이 시험을 보고 채점한다. 성적이 좋으면 칭찬을 하든 마음껏 놀든 자신에게 보상하라. 스스로 통제하기 어렵다면 부모님이나 공부 코치가 관리해주는 것이 좋다.

③ 자투리 시간을 활용한다

하루 중 등하교 시간, 대기 시간 등 자투리 시간이 많이 숨어 있다. 자투리 공부는 의외로 효과가 크다. 시간 간격이 짧아서 집중력이 높아지기 때문이다. 여유로워질수록 집중력이 떨어진다. 그러므로 자투리 시간을 적절히 활용하자. 자투리 시간에는 복잡한 이해를 요구하는 내용은 피한다.

요약 내용을 다시 정리하거나 잘 외워지지 않는 단어들을 외우는 데 활용한다. 지하철이나 버스 안에서 활용하면 생각보다 큰 효과가 있다. 집중만이 시간 제약을 극복할 수 있는 유일한 방법이다.

제10계명
읽고 쓰기: 통합 사고법

어렸을 때부터 다양한 책을 읽고 꾸준히 쓰는 습관을 들인다면 학교 공부에 몰두하지 않아도 공부의 50% 이상 해결된다고 해도 과언이 아니다. 여기서의 책은 교과서가 아니다. 과학책도 좋고, 소설책도 좋고, 수필집도 좋다. 심지어 만화책도 좋다. 교과서만 읽는 것은 별 도움이 되지 못한다. 다양한 책을 읽는 것이 좋다.

책을 계속 읽으면 자연히 독해력이 늘고, 요약 정리 능력과 이해력이 향상된다. 다양한 삶에 대한 성찰이 생긴다. 이러한 능력은 언어나 사회 과목을 공부할 때도 도움이 된다. 수학이나 과학 과목 정도를 제외한 거의 모든 과목에서 확실한 기반이 된다.

더 나아가서 쓰기 습관까지 들인다면 금상첨화다.

최적의 쓰기 교과서, 일기

쓰기를 습관화할 수 있는 방법은 일기 쓰기다. 대다수의 학생은 일기 쓰기를 싫어한다. 그러나 나는 일기는 학교에서 강제해도 괜찮은 몇 가지 방법 중 하나라고 생각한다. 몇 년간 강제로라도 일기를 쓰게 해서 습관화한다면 비슷한 내용을 매일 쓴다 할지라도 문장 실력은 상당히 진보할 것이다.

시간이 부족한 고등학생들은 어떻게 할 것인가? 고등학생이라고 교과서만 읽어야 할 이유는 없다. 물론 입시에 집중해야겠지만 주말이나 잠자기 전의 시간을 이용하여 틈틈이 좋아하는 영역에 관한 책들을 조금씩 읽자.

논술과 연관지어 읽고 쓰는 활동도 필요하다. 노트를 하나 준비해 매일 20분 정도(길면 지겹다) 신문의 칼럼(사설보다 조금 부드럽다)을 읽고 필자의 논지를 정리하고 비판하는 글을 간략히 써본다.

읽기와 쓰기 습관이 배지 않은 채 벌써 고3이 되었다고 후회할 이유는 없다. 늦었다고 생각하는 때가 가장 빠른 때다. 왜냐하면 책 읽는 습관은 대학이나 직장에서도 여전히 효력을 발휘하기 때문이다. 지금부터라도 습관으로 들이면 된다. 자신이 흥미를 느끼는 분야를 중심으로 매일 10분씩이라도 책을 읽기 시작하라. 책 읽기를 습관으로 만드는 것이 중요하다. 읽다 보면 습관이 되고 즐거움이 생길 것이다.

     진짜 공부 리스타트

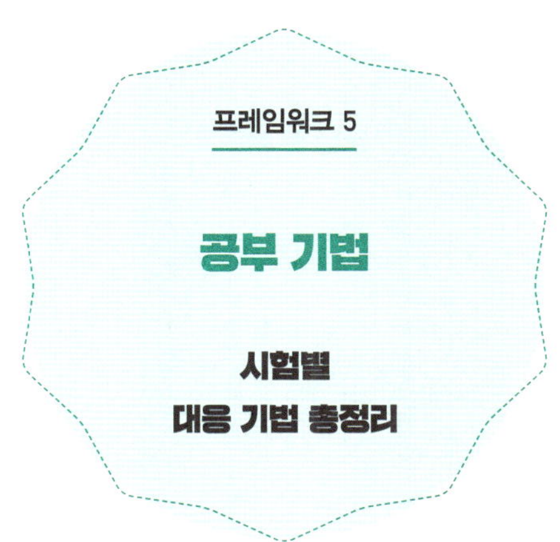

'방법'과 '기법'은 그 의미가 약간 다르다. 방법이 조금 더 근본적이다.

공부에는 근본적인 원리가 있다. 어떤 과목, 어떤 시험을 준비하건 통하는 원리다. 기본적으로 방법은 학생 스스로 머리를 써야하는 사고력을 바탕으로 한다. 이와 달리 기법은 근본 원리나 공통 원리는 아니지만, 직면한 특정 상황(특정 시험, 특정 과목 등)에서 성과를 더 내게 해주는 요법과 같다.

우리는 머리가 아프면 진통제를 먹는다. 진통제는 두통의 근본적인 원인을 해결해주지 않는다. 두통을 잠시 완화해줄 뿐이다. 두통의 원인이 스트레스라면 스트레스를 해소하는 것이 근본적인 치유책이며 진통제를 먹는 것은 임시적인 치유책이다.

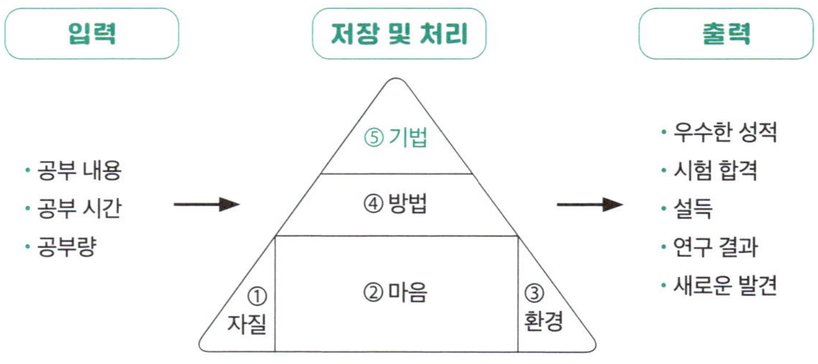

전자의 해결을 여기서는 방법이라 하고, 후자를 기법이라 부르겠다.

단기간 임시 처방법, '기법'

기법은 바람직하지 않은 것인가? 그렇지 않다. 근본적인 해결에는 시간이 걸리기 때문에 때로는 즉각적인 조치가 필요하다.

올바른 방법으로 공부했는데 비슷하게 공부한 친구에 비해 성적이 떨어지는 학생은 대개 기법을 익히지 못한 경우다. 기법 없이 방법만 고집하는 건 효율적이지 못하다. 특히 특정 시험을 치러 우열을 가리는 평가에서 기법은 꽤 효과를 발휘한다.

그러나 기법을 남용하거나 기법에만 집착하면 당장 좋은 성과를 거둘지는 몰라도 기본적인 실력을 갖추지 못했기 때문에 총체

진짜 공부 리스타트

적인 사고가 필요한 환경에 처하면 어려움을 겪는다. 기법은 양면이 있다. 그럼에도 불구하고 좋은 성적을 내기 위해서는 중요한 기법들을 반드시 익혀야 한다.

주요 기법의 종류

기법들은 이미 다른 많은 책들에서 제시하고 있기 때문에 이 책에서는 '시험 대응 기법'에 대해서만 다루겠다.

① 특정 목표 달성을 위해 특화된 기법

- 특목고나 서울대 입학 등 목표를 달성하기 위한 기법이다.
- 입시 요강이 저마다 다를 경우에는 내가 목표한 곳의 요구 조건에 맞춰 준비해야 한다. 근본적인 공부 실력을 늘리는 것과는 다른 차원으로 기법이 필요하다. 전국 1등을 한다고 해서 음악과나 체육과를 들어갈 수 있는 건 아니다.

② 시험 대응 기법

- 시험을 잘 치르기 위해서는 시험 대응 기법이 필요하다. 내가 체계적으로 공부하고 최상의 실력을 갖추었다고 해도 반드시 그에 걸맞은 시험 성적을 낼 수 있는 건 아니다.

③ 과목별 공부 기법

- 지금껏 말한 10계명 공부 방법을 적용하면 어떤 과목이든 잘할 수 있다. 그럼에도 불구하고 최고의 성과를 거두기 위해서는 과목별 특성에 따라 다른 기법도 익혀야 한다.
- 국어를 잘하는 기법, 수학을 잘하는 기법, 영어를 잘하는 기법이 조금씩 다르다.

④ 단순 암기 기법

- 몇 차례 강조한 바와 같이 단순하게 외우는 방법으로는 실력을 향상할 수 없지만, 시험을 위해 어쩔 수 없이 무조건 외워야 하는 경우가 발생한다. 이때 기법이 필요하다.
- 암기 기법에는 연상법, 심상법, 결합법 등이 있다. 기본적인 암기법 하나 정도는 터득하는 것이 좋다.

이 외에도 슬럼프에 빠졌을 때 탈출하는 기법, 졸음을 깨는 기법, 좋은 컨디션을 유지하는 기법, 공부에 도움이 되는 식단을 짜는 기법 등 공부에 조금이라도 도움이 되는 기법들이 수도 없이 많다.

시험 대응 기법

시험 성적은 반드시 공부의 양과 질에 비례하지는 않는다. 어떤 학생은 실력에 비해 성적이 나쁘고, 어떤 학생은 제 실력보다 성적이 좋다. 시험과 공부 실력 간의 관계를 수식으로 나타내면 그 이유를 알 수 있다. "시험 성적 = 공부 실력 + 시험 기법."

시험을 잘 치르기 위해서는 다음과 같은 준비가 필요하다.

① 시험이 어떻게 나오는지 명확히 파악한다

- 시험을 준비하면서 그 시험이 어떻게 나올지 별 관심이 없는 학생은 공부 못하는 자의 전형적인 특징이다.
- 시험은 질문 유형이 거의 정해져 있다. 이것을 파악해서 공부해야 효율적이다.
- 문제 유형을 파악하는 가장 좋은 방법은 기출 문제 분석이다. 출제자의 의도가 무엇이며, 테스트하고자 하는 영역이 무엇인지(단순 지식, 논리적 능력, 지식의 연계성 등) 파악해야 한다.
- 기출 문제는 다시 나오지 않으니 공부할 필요가 없다는 말은 어리석은 발상이다. 해당 시험은 기출 문제와 비슷하게 다시 나온다. 출제자가 창의력이 무궁무진한 천재라고 생각하면 오산이다. 학생보다 조금 나은 수준이다. 출제자가 아무리 머리를 써도 기존 문제에서 크게 벗어나지 않는다.

② 시험 유형과 성격에 맞추어 준비한다

- 시험일까지는 시간의 한계가 있다. 이를 고려해서 투자 시간 대비 최대 효과를 거둘 수 있도록 공부해야 한다.

- 시험을 목표로 할 때는 철저히 시험에 맞춰 공부한다. 시험에 나오지 않을 것에 시간을 소모해서는 안 된다. 시험에 많이 나오는 것을 우선순위로 잡고 시험 날짜를 역산하여 공부 일정을 짠다.
- 내 경험에 의하면, 시험과 무관하게 공부하는 학생이 많았다. 이 내용이 초점인데 다른 내용을 붙잡고 밤을 샌다. 당연히 시험을 잘 보기 어렵다.

③ 내신형 시험과 수능형 시험은 다르게 준비한다

- 주어진 범위에서 하루에 1~2개 과목을 치르는 '내신형' 시험과 많은 과목의 전체 범위를 한꺼번에 치르는 '수능형(대부분의 자격 시험)' 시험은 다르게 준비해야 한다.
- 전자는 범위가 좁다. '분류'나 '이미지화'의 공부 방법이 크게 필요 없다. 차근히 순서대로 요약 정리하면 된다. 전체(숲)를 보지 않고 내용 간의 연관 관계를 파악하지 않아도 충분히 좋은 성적을 얻을 수 있다.
- 수능형 시험은 앞서 말한 공부 방법을 적용하지 않으면 시험을 잘 치르기 불가능하다. 분류하고, 구조화해야 한다. 다양한 주제별로 연관시켜야 한다. 단권화나 1쪽 요약을 통해 전체를 머릿속에 넣는 준비가 필요하다.

④ 벼락치기는 매우 중요하다

- 흔히 벼락치기는 나쁘다고 하지만, 매우 중요하다.

- 똑같은 벼락치기라도 학생마다 등수의 차이가 매우 심하다. 시험 전날 비슷한 지능을 가진 10명에게 한 번도 보지 않은 새 책을 주고 다음 날 시험을 치면 아마 굉장한 점수 차이로 1등부터 10등까지 정해질 것이다.

- 벼락치기도 기술이다. 특히 내신형 시험 공부에서 벼락치기는 무엇보다 중요하다. 반면 수능형 시험 공부에서 벼락치기는 효력이 약하다.

- 벼락치기가 매우 중요하고 효과적인 이유는 고도의 집중력을 길러주며, 시험일이 다가올수록 공부 내용을 뚜렷이 기억하게 해주기 때문이다. 시험 1개월 전에 아무리 완벽하게 공부했더라도 시험 전날 공부하지 않으면 좋은 성적을 거두기가 불가능하다. 효과가 가장 센 공부법이 바로 시험을 앞두고 하는 공부다. 특히 영어나 수학과 같이 오랜 시간에 걸쳐 실력을 축적해야 하는 과목을 제외한 대부분의 과목에서는 필수적이다. 평소 열심히 공부하던 학생이 시험일을 앞두고 컨디션을 망쳐 시험을 망친 경우를 수도 없이 보았다.

- 약간의 실력이 있다면 내신형 시험은 2~3주 전부터의 벼락치기와 전날의 벼락치기만으로도 최고 성적을 거둘 수 있다. 2주 전부터 내신형 시험을 준비하면 2회 정리할 수 있다. 1회는 위

험하다. 전날 1회 정리하고 그전에 1회 더 정리한다. 예를 들어 오늘은 국어 시험을 보고 내일은 수학, 모레는 한국사 시험을 본다고 하자. 4일 전에는 국어, 3일 전에는 한국사, 2일 전에는 수학, 1일 전에는 국어를 공부해라. 과목별로 전날 1회 보고 그 이전에 1회 공부하니 최소한 2회 볼 수 있다.

- 벼락치기를 제대로 하려면 시험 2주 전부터는 학원 강의 따위로 시간을 빼앗겨서는 안 된다. 철저히 혼자서 해야 한다. 어떤 학생은 시험 전날 학원에 가거나 과외를 받는다. 학원 선생이 시험 문제를 찍어준다면서 말이다. 평소 공부를 충실히 해서 시험 전날 할 것이 없다면 몰라도 이렇게 해서는 시험을 잘 볼 리 만무하다. 벼락치기는 철저한 자기 이해와 요약이다. 물론 벼락치기로 제대로 요약하고 정리하려면 평소 내용의 기본 사항들은 이해하고 있어야 한다.

- 수능형 시험의 경우 하루 전날은 그다지 중요하지 않다. 이미 몇 개월, 심지어 몇 년 전부터 계속 준비했기 때문에 전날 아무리 폭발적으로 공부해도 좋은 성적을 거둘 수 없다. 내용 또한 매우 광범위하기 때문에 전날의 효과는 크지 않다. 오히려 시험 전날에는 긴장을 푸는 것이 좋다. 그러나 1~2주 전은 아주 중요하다. 수능 시험을 위해 과목별로 준비한 단권화 노트나 요약 노트, 문제 정리 노트 등이 있을 것이다. 1~2주 전부터 노트를 보며 계속 봐야 한다. 기억이 지워지지 않도록 머리

에 페인트칠을 반복한다고 보면 될 것이다. 속도가 빨라지면 하루에 전체 과목을 모두 볼 수 있다.

- 평소에는 '이해'하고, 시험 날이 다가오면 '이해한 것을 요약'하고 이를 '수차례 반복'하여 머릿속에 넣는다(암기). 벼락치기를 위한 핵심은 '요약'과 '정리'다. 억지로라도 외워야 할 내용은 시험 전날, 아니 시험 바로 직전까지 앞 글자를 따서 외우거나 연상법 등으로 막판에 외워서 시험에 한 번 쓰고 잊어버려라. 시험 직전까지도 중요한 순간이다.

⑤ 실전 시험 시간에 맞추어 미리 연습한다

- 일반적으로 시험 준비를 하라고 하면 시간과 무관하게 문제를 푼다. 평상시에는 상관없으나 시험을 앞두고는 반드시 실전처럼 연습해야 한다. 예를 들어 1시간 동안 50문제를 푸는 시험이라면, 시간을 맞춰놓고 실전 시험을 보듯이 연습한다. 처음에는 50문제를 푸는 데 1시간 30분이 걸렸다면, 몇 차례 연습하면 시간 내에 풀 수 있게 된다.

- 아는 문제가 많아야 시간 내에 풀 수 있는 건 아니다. 특히 짧은 시간에 많은 문제를 풀어야 하는 시험 과목은 몇 차례 반복 연습이 필요하다. 시간이 부족하다고 해도 최소한 2회는 연습해보라. 독해 문제가 있는 국어나 영어 시험에서 큰 효과가 있다. 그뿐만 아니라 시험 전에 반복 연습을 하면 시험 당일에

당황하지 않게 된다.

⑥ 시험 당일에도 대응 기법이 있다

- 앉는 위치가 정해지지 않은 경우라면 반드시 맨 앞에 앉아라. 가장 먼저 시험지를 받을 수 있고, 커닝 등의 불건전한 유혹을 완전히 떨쳐버릴 수 있다.

- 외워지지 않는데 억지로라도 외워야 할 것은 시험 5분 전까지 계속 중얼거리다가 시험지를 받는 순간 시험지 여백에 일단 모두 써놓는다. 최소한 1~2문제는 덕을 볼 것이다.

- 쉬운 문제부터 풀고, 어려운 문제는 체크해놓았다가 다른 문제를 먼저 푼 다음 다시 돌아온다. 다른 문제에서 힌트를 얻는 경우도 있다. 놀랍게도 이러한 경우가 적지 않다. 전혀 모르는 문제는 너무 고민하지 말자. 내가 모르면 다른 사람들도 모른다고 생각해야 속 편하다. 이것 때문에 스트레스를 받으면 다른 문제까지 망친다.

- 한 문제를 풀고 답안지에 하나씩 옮기지 마라. 시간이 많이 걸린다. 모두 다 완벽히 푼 후에 옮기지도 마라. 시간이 촉박해 실수할 위험이 있다.

- 먼저 시험지에 답을 표시해라. 정답이라고 확신한 것만 한꺼번에 답안지에 옮겨 적는다. 애매모호한 문제와 어려운 문제는 남은 시간에 충분히 고민한 다음 답안지에 기록하고, 그래

   진짜 공부 리스타트

도 모르겠으면 찍는다.

- 시간이 촉박한 상황에서 문제를 100% 다 푼 후에 답안지에 옮기려다가 잘못 적으면 당황하여 완전히 망치는 수가 있다. 나도 이런 실수를 해본 적 있다. 중학교 1학년 때 답안지 한 칸을 밀려 써서 완전히 시험을 망쳤다.

- 국어와 영어 시험에서는 문제를 먼저 보고 나서 지문을 보라. 지문이 복잡하면 일반적으로 문제가 쉽다. 복잡하다고 해서 회피하지 마라. 복잡할수록 문제를 먼저 보고 나서 지문을 본다.

- 수학과 물리 과목은 수식이 잘 안 세워지면 결괏값부터 역으로 유추하여 문제를 풀어라.

- 수학은 풀이 과정이 복잡해지면 답이 아닐 가능성이 크다.

- 수학은 정답을 대입해서 검산하고, 수식을 만드는 문제는 몇 가지 특잇값(0.1, 무한대 등)을 대입해서 검산한다.

- 주관식이라면 전혀 모르는 문제라도 백지로 내지 마라. 아무것도 모르겠으면 비슷한 것이라도 쓰고, 비슷한 것도 모르겠으면 아무것이라도 써라. 글씨는 깨끗하게 써야 한다. 백지는 무조건 0점이지만 뭐라도 써놓으면 채점자가 1점이라도 준다.

- 반드시 시험 시간이 끝날 때까지 앉아 있어라. 시험장을 일찍 나간다고 멋진 놈이라고 칭찬할 줄 아는가? 보잘것없는 시험에도 최선을 다하는 훈련을 해야 한다.

- 최상위권 학생들은 실수에서 점수 차가 난다. 실수를 줄이려

면 최대한 다시 보고 또 보고 검산하고 검산해야 한다. 시험 시간을 최대한 활용해야 한다. 적어도 시험 앞에서 신성한 자세를 취해야 한다. 정말 아무것도 몰라서 찍고 집에 가야 하는 상황이 아니라면 잘난 척하지 말고 끝까지 최선을 다하라.

창조는 배움의 즐거움이다

기회가 있을 때마다 젊은이들에게 이렇게 이야기한다. "창조하는 인생이야말로 최고의 인생이다." 그러면 창조란 무엇인가? 창조의 기쁨이란 무엇인가? 먼저 '배운다'는 것에 대해 언급할 필요가 있다. 왜냐하면 천재가 아닌 나 같은 보통 사람이 무엇인가를 창조해내기까지는 그 이전에 '배운다'는 단계를 거치지 않으면 안 되기 때문이다.

히로나카 헤이스케의 《학문의 즐거움》에 이런 내용이 나온다.

"배움에는 고통과 함께 기쁨이 있다. 배움이 괴로움의 연속이라고 생각하는 사람이라도 배워나가는 과정에서 배움의 기쁨을 가끔씩은 맛볼 것이다. 그리고 인생에는 더 큰 기쁨을 주는 것이 있다. 그것은 새로운 것을 만들어내는 작업, 즉 창조다."

히로나카 헤이스케는 15남매나 되는 대가족의 일곱째로 태어났다. 성장 과정에서 가장 중요한 시기인 중고등학교 시절, 너무나 가난해서 힘든 노동일까지 해가며 집안 살림을 도와야 했다.

행상으로 가계를 유지한 아버지는 학문을 위한 고등 교육보다는 자식들이 일찍부터 집안을 도와 생계에 보탬이 되기를 원했기 때문에 그는 남몰래 대학 입시 공부를 해야 했다. 교토대에 입학해서도 가정교사를 하며 스스로 학비와 숙식을 해결해야 하는 등 모든 것이 역경이었고 악조건이었다.

그는 자신의 성공은 오로지 불절불굴의 끈질긴 노력에 의한 것이라고 강조한다. 남이 10시간 공부하면 헤이스케는 20시간을 공부해야 남을 따라잡을 수 있었다. 다른 사람보다 특별히 머리가 좋지 않지만, 남과 겨뤄 이길 자신이 있는 것은 오직 하나 목표를 향해 꾸준히 노력하는 능력뿐이라고 말한다.

3

실전 멘토링
10%가 아닌 학생들을 위해

기본 원리와 이 원리를 적용하기 위한 전략과 실행은 별개의 문제다.

학생 대다수는 상위 10%와는 다른 전략을 선택해야 하고, 다른 방식으로 실행해야 한다. 이제부터 90%의 학생들은 자신만을 위한 시험 대비법과 공부 완전 정복 프로젝트에 올인해야 한다.

90%의 학생들은 상위 10%인 학생들과 매우 다른 공부 전략을 세워야 한다. 2부에서 제시한 공부 원리와 방법은 상위 10%와 동일하지만 이를 적용하는 전략과 실행 방법은 완전히 달라야 한다. 그 이유는 상위 10%가 아닌 학생들은 상위 10%인 학생들과 공부를 해온 과정과 배경이 기본적으로 다르기 때문이다.

자신이 상위 10% 내에 들지 않는다는 것을 인정하고 싶지 않을 것이다. 그러나 현실을 직시하고 인정해야 목표와의 간극을 파악하고 도전할 수 있다는 것을 기억해야 한다.

나는 10%인가, 90%인가

두 부류의 공부 배경에는 다음과 같은 차이가 있다.

① 상위 10%의 학생은 공부에 훈련되어 있다

이들은 대부분 어렸을 때부터 책을 좋아하고 많은 책들을 읽어왔으며 초등학교와 중학교 시절 글쓰기 훈련을 받아왔다. 그러나 대다수의 학생은 책 읽기를 썩 즐기지 않으며, 초등학교와 중학교 때 글쓰기 훈련을 받지 못한 경우가 많다.

② 상위 10%의 학생은 영어와 수학 기본기가 확실하다

학생 대다수는 학원에는 열심히 다녔을지 몰라도 기본기를 제대로 다지지 못한 경우가 많다.

③ 상위 10%의 학생은 내신이나 수능에만 집중하지 않는다

이들은 대학에서 논술, 면접 등 다른 요소를 요구한다는 것을 알고 있다. 그러나 대다수의 학생은 내신이나 수능 준비에 미흡하다.

④ 상위 10%의 학생은 특목고를 목표로 공부했거나 특목고에 재학 중이다

그들은 어릴 적부터 많은 공부량에 익숙하고 다양한 방법으로 공부를 해왔다. 학원 공부에도 익숙하지만 스스로 공부하는 것에도 익숙하다. 그러나 대다수의 학생들은 초등학교와 중학교 때 놀았거나 부모님의 강요로 학원 몇 곳 다닌 것 외에는 열심히 공부한 적이 없을 가능성이 크다.

⑤ 상위 10%의 학생은 99점이 아니라 100점을 목표로 공부한다

교과서만을 공부해서는 100점을 받을 수 없다. 출제자들은 변별력을 높이려고 1~2문제는 어렵게 낸다. 이에 대비해 상위 10%의 학생들은 다양한 문제집, 참고서를 본다. 대다수의 학생들은 교과서의 내용도 다 소화하지 못한다.

대한민국 90%에게 주는 희망 메시지

취학 전에는 실력이 동일했다고 가정해도, 현재 고등학교 1학년생이라면 자신과 상위 10% 사이에는 이미 초등학교 6년, 중학교 3년, 도합 9년간의 격차가 있다는 것을 이해해야 한다. 이 책을 읽는 학생이 중1이라면 그 간격이 6년으로 줄겠지만, 고3이라면 불행하게도 그 간격이 11년으로 늘어난다.

자, 그러면 대한민국의 90%의 학생들에게 더 이상 희망은 없는가? 다음 몇 가지 사실을 확인하며 희망을 품자.

① 누구나 서울대나 의대 입학을 목표로 공부하지는 않는다

서울대가 아니라도 괜찮은 대학은 많다. 목표를 현실적으로 잡는다면 굳이 서울대에 가려는 사람과 경쟁할 이유가 없다. '이렇게 하면 누구나 서울대에 갈 수 있다' 식의 책을 읽고 따라 한다고 서울대에 진학할 수 있는 건 아니다.

현실적으로 내 실력이 서울에 있는 대학도 가기 어려운 정도라

면 서울대를 목표로 하는 학생들의 방식을 따를 이유가 전혀 없다. 차근히 실력을 길러서 서울대가 아니라도 서울에 있는 괜찮은 대학에 가면 된다.

② 어떤 시험이든 벼락치기는 매우 중요하다

벼락치기를 권장하는 것이 아니라 시험일이 다가올수록 빛을 발하는 자가 성공한다는 메시지를 전달하고 싶은 것이다.

초등학교와 중학교 때까지 전교 1등을 했어도 고등학교 때 갑자기 엉뚱한 일에 빠져서 공부를 등한시하면 입시에서 승리자가 되지 못한다. 이와 같은 학생들을 심심치 않게 볼 수 있다. 그러나 초등학교, 중학교 심지어 고등학교 1~2학년까지는 평범했던 학생이 고3 때 미친듯이 공부해서 좋은 결과를 거두는 경우가 많다.

평소 공부를 잘해도 시험 전날 공부를 소홀히 하면 내신을 망칠 가능성이 크다. 시험일이 가까워질수록 효과적이고 효율적으로 노력하면 격차를 줄일 수 있다. 최소한 입시에서는 초등학교 6년보다 중학교 1년이, 중학교 3년보다 고등학교 1년의 공부가 훨씬 효과적이라는 것을 기억해야 한다.

과거의 격차를 완전히 없앨 수는 없을지라도 앞으로 어떻게 하느냐에 따라 그 차이를 크게 줄일 수 있음을 명심하자.

상황별 맞춤 전략이 희비를 가린다

그럼 희망을 어떻게 구체화할 것인가? 이제 어떻게 시작해야 할까? 본격적으로 출발하기 전에 대학 입학 전까지 가져야 할 '전략'을 알아야 한다. 전략은 '전쟁에서 이기는 데 필요한 효과적이고 효율적인 방책'이다.

전략은 주로 현재의 전력이 약한 사람들이 사용한다. 명량해전의 이순신 장군을 떠올려보자. 당시 이순신 장군에게는 13척의 배가 있었다. 왜군에게는 무려 300여 척의 배가 있었다. 만일 이순신 장군이 왜군과 동일한 방식으로 싸웠다면 명량해전에서 이길 수 있었을까? 용기백배한 군사라도 1척의 배로 2척 이상을 이기는 건 불가능하다. 전면전으로 갔다면 개죽음뿐이었을 것이다. 이순신 장군은 지형지물을 이용해서 적군을 유인하여 왜군을 완전히 격파했다. 이것이 전략이다.

나보다 힘이 세고 기본기도 좋고 훈련도 잘된 사람과 동일한 방식으로 붙어서 이길 재주가 있겠는가? 이기기 어렵다. 프로 선수와 같은 방식으로 훈련하면 이길 수 있을까? 열심히 해도 따라가기 어렵다. 자신의 상황에 맞는 전략을 구사해야 한다. 마찬가지로 전혀 다른 상황에 있는 상위 10%와 동일한 방식을 사용해서는 그들을 따라잡기 어렵다.

전략을 '원리 및 방법'과 혼동해서는 안 된다. 원리와 방법은 만고불변의 진리다. 90%의 학생과 상위 10%의 학생에게 똑같이 적

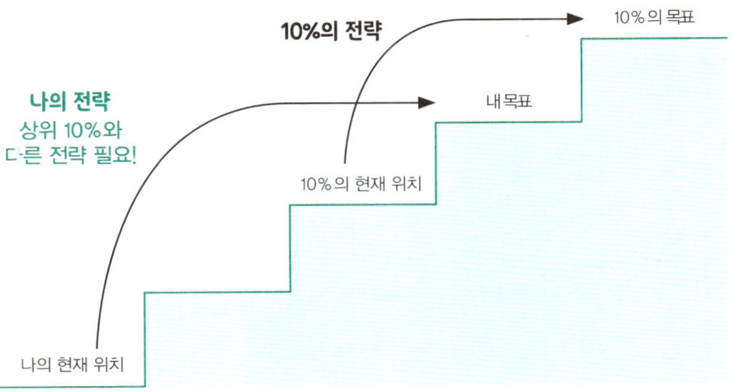

용된다. 그러므로 공부 잘하는 사람의 원리와 방법을 흉내 내야 한다. 5차원 공부 프레임워크와 10계명대로 공부하지 않으면 실패한다.

전략은 적용 방식을 달리하라는 의미다. 내일 시험을 보는 학생이 있다고 치자. 내가 그 학생의 개인 선생이라면 시험 성적 올리기가 당면 목표인 상황에서 학생에게 공부 10계명을 가르치지는 않을 것이다. 그 대신 학생이 조금이나마 시험 성적을 올릴 수 있도록 시험에 나올 예상 문제를 찍어주고, 시험장에 가서 점수 올리는 기법을 알려줄 것이다. 이것이 전략이다.

그동안 기본기를 잘 쌓아왔고 시간도 많이 남아 있다면 전략이 필요 없다. 지금까지 해오던 대로 꾸준히 하면 된다. 기본기도 없

고 남은 시간도 많지 않다면, 체력만 길러서는 높은 점수를 받기 어렵다. 한편으로는 체력을 기르고 다른 한편으로는 주어진 시간 내에 점수를 최대한 높일 수 있는 적용 방안을 찾아야 한다. 이것이 전략이다.

제1전략
100점을 목표로 공부하지 마라

대한민국에서 나온 학습법에 관한 책들은 대부분 100점을 목표로 공부하라고 말한다. 서울대 수석 합격자들도 같은 조언을 한다. 100점을 목표로 공부하면 대다수의 보통 학생들은 수렁에서 헤어나기 어렵다.

교과서, 참고서, 문제집 하나씩만 봐서는 절대 100점을 맞을 수 없다. 0점을 90점으로 올리는 것보다 90점을 100점으로 올리는 데 더 많은 시간과 노력이 필요하다. 기본기도 완전하지 않고 앞으로 남은 시간도 빠듯한데, 100점 방식을 무작정 따라해서는 안 된다. 참고서와 문제집을 여러 권을 볼 수 없을 뿐 아니라 흉내 내봤자 중도에 포기하게 된다.

1차 목표를 80점 또는 85점으로 잡자.

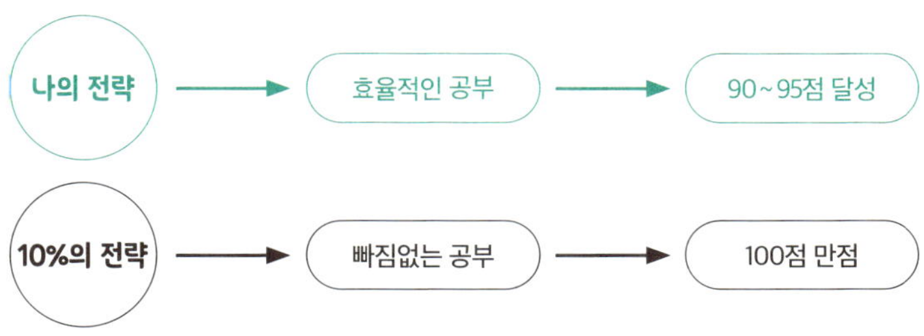

1차 80점, 2차 95점을 목표로 공부하라

세상에 통용되는 법칙 중에 '파레토 법칙'이 있다. 80:20의 법칙으로도 알려져 있는데, 이 법칙을 간략히 요약하면 전체 결과의 80%는 전체 원인의 20%에서 기인한다는 것이다. 쉽게 말하자면 세상의 80%의 돈은 세계 인구의 20% 정도가 소유하고, 기업 매출의 80%는 20%의 고객이 올린다는 것이다.

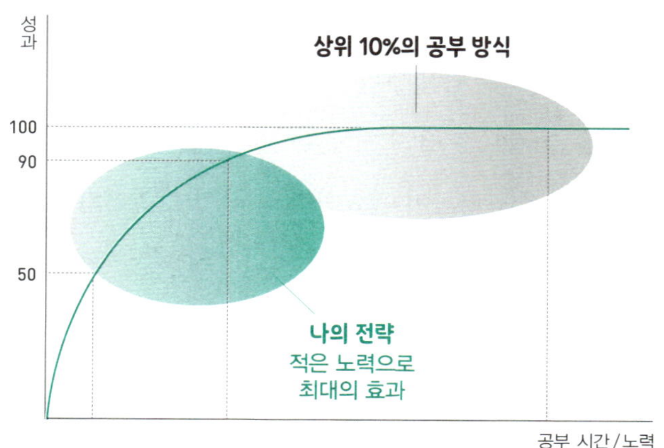

파레토 법칙은 공부에도 유사하게 적용할 수 있는데, 20%의 노력으로 80점을 올릴 수 있지만 80점을 100점으로 만들기 위해서는 80%의 노력이 필요하다. 그러므로 조금 노력해서 80점을 얻는 데 1차 목표를 두고 이후 여력과 시간을 이용하여 나머지 20점을 공략해야 한다. 나머지 20점 중에서도 15점을 올려 95점으로 만드는 데 드는 노력과 95점을 100점으로 만드는 노력에는 차이가 있다. 점수를 높일 때마다 드는 수고와 노력은 기하급수적으로 증가한다.

현재 자신이 최상위권이 아니라면, 최상위권이 하듯이 95점을 100점으로 올리는 전략을 쓸 이유가 전혀 없다. 일단 80점을 받고 이후 95점을 받는 전략을 선택해야 한다.

자기 처지에 맞는 공부 전략으로 효율을 높여라

어떤 책을 공부한다고 해보자. 책을 100% 이해하고 다음 진도를 나가겠다고 결심해서는 안 된다. 이와 같은 방법은 최우수 학생들이나 쓰는 방법이다. 80~90% 정도만 이해하면 된다. 남은 10~20%는 매우 어려워서 80~90%를 이해하는 데 드는 시간과 노력을 몇 배로 쏟아부어야 한다.

이해가 안되는 내용이 있더라도 다음 진도로 넘어가라. 이해가 안되는 부분을 영원히 포기하라는 의미인가? 그건 아니다. 이해가 안되는 부분은 진도를 나간 후 다시 반복할 때 도전한다. 일단 80~90%를 확실히 해놓고 나머지는 시간이 날 때 다시 도전한다. 처음에는 이해가 되지 않던 내용이 전체를 훑고 다시 보면 이해가 된다. 공부 10계명 중 제2계명에서 제시한 '대강 여러 번' 법칙과도 일맥상통하는 원리다.

내가 대학교에 다닐 때만 해도 석사 장교 제도가 있었다. 석사 학위를 받은 사람이 시험을 쳐서 합격하면 6개월간만 군대 생활을 하고 장교로 임관할 수 있는 제도였다. 정말 파격적인 제도였다. 시험에 떨어지면 늦은 나이에 군대에 가야 하기 때문에 이점만큼 위험도 큰 시험이었다. 시험 과목은 영어와 국사 두 과목뿐이었다. 나는 시험 일자를 잘못 알아 다른 사람보다 공부를 늦게 시작했다. 이미 시험 준비를 한 다른 친구들은 국사 문제집 1~2권을 마스터한 상태였다.

가장 먼저, 몇 점 정도면 합격할 수 있는지부터 체크해보았다. 국사는 5문제 이하로 틀리면 합격할 수 있었다. 기본 서적이 아닌, 다른 어려운 책들을 봐야 해결할 수 있는 문제가 몇 문제인지 체크해보았다. 대략 3문제였다. 즉, 기본 책만 공부해도 합격할 수 있다는 결론에 다다랐다.

기본 책에서 나온 문제들 중 하나 정도 실수한다고 가정하고 내가 배우지 않은 범위에서 나온 문제를 다 틀려도 총 4문제가 오답이니 합격 범위에 들었고, 그날 운이 좋아서 잘 찍으면 더 좋은 성적을 거둘 수 있겠다는 판단이 들었다.

다른 친구들이 대학에서 사용하는 복잡한 국사 책을 몇 권씩 보았지만, 시간이 부족했던 나는 고등학교 국사 참고서 2권을 사서 철저히 공부했다. 다른 친구들을 만나면 괜히 비교하게 되고 나의 심리적인 확신과 안정에 방해가 될까 봐 시험 때까지 친구들이 있

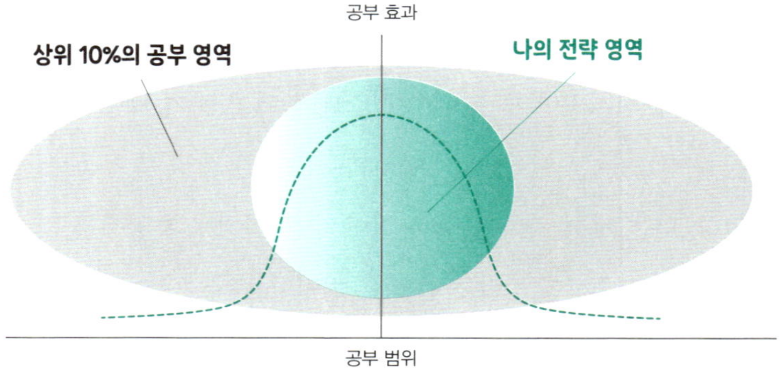

진짜 공부 리스타트

는 학교 독서실에 가지 않고 집에서 혼자 공부했다. 결국 내 예상이 들어맞았다.

상황이 어떻든지 간에 나와 같은 방법으로 공부하라는 건 아니다. 시간이 충분했다면 나도 다른 친구들과 비슷한 방법으로 준비했을 것이다. 다만 자신이 처한 상황에 따라 다른 방식을 사용해야 한다는 점을 강조하고 싶다.

아무리 시간을 투자해도 개선의 여지가 없는 영역은 과감히 포기해야 할 때도 있다. 예를 들어, 어떤 단원에서는 수능에 1문제밖에 나오지 않음에도 불구하고 공부하는 데 많은 시간이 소요된다면 이러한 영역은 과감히 포기해도 좋다. 논술의 기본기를 쌓기위해서 매일 수많은 책을 읽어야 한다면 책 읽기 활동을 과감히포기하고, 더 효율적인 방법을 찾을 수 있다. 상위 10%의 학생이라면 포기할 수 없는 부분이다. 10% 내에서도 0.1%인지, 1%인지, 2%인지를 결정하기 때문이다.

조금 더 마음 편하게 공부해야 한다. 다시 말해 조금 더 효율적으로 공부해야 한다.

제2전략
목표를 원대하게 잡지 마라

공부법을 다룬 책들은 하나같이 목표를 원대하게 잡으라고 조언한다. 앞서 목표를 원대하게 잡으라고 말한 적이 있다. 목표가 원대하면 목표까지는 못 미치더라도 어느 정도 가까이 갈 수 있다. 그러나 목표가 지나치게 원대하면 의지가 약한 학생은 아예 포기한다. 불행하게도 대다수의 학생들은 의지가 약하다.

"선생님! 공부 못하던 학생이 서울대에 들어간 책에 보면 목표를 크게 잡으라고 하던데요? 선생님 말씀이 틀린 것 아닙니까?"라고 질문한다면, 나는 이렇게 답하겠다. "그런 학생은 정말 어쩌다 1명 나온다." 그러니 책까지 나온 것이다.

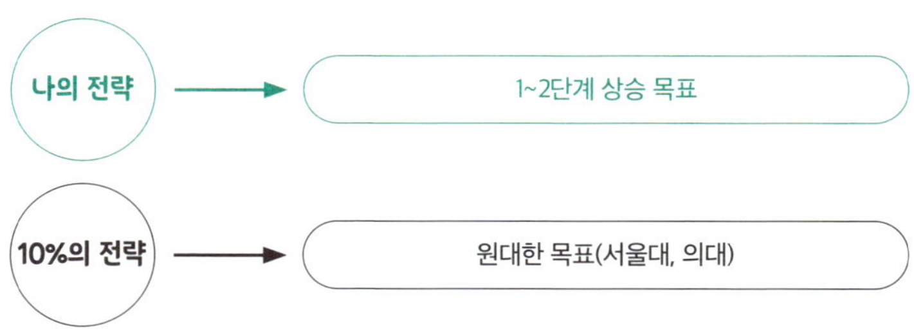

단계별 목표로 자신감 Up!

상위 10%에 들지 못한다면 목표를 원대하게 잡지 말라고 하겠다. 목표가 너무 원대해서 달성하지 못하면 실망도 쉽고 포기도 쉬운 법이다. 1단계 또는 2단계 상승을 목표로 두자. 그것으로 충분하다. 최상위권 학생들은 어차피 계단의 꼭대기에 오른 사람들이다. 주위의 칭찬으로 자신감에 가득 찬 사람들이다.

자신이 계단의 아래쪽에 위치한다면 작은 성취를 통해 성공을 경험하고 자신감을 얻는 일이 더 중요하다.

처음부터 책 전체를 100% 이해하는 것을 목표로 삼지 마라. 1장부터 오랜 시간을 끙끙거리며 공부하면 3장에 못 미쳐 포기하고 만다. 조금 쉬운 목표를 가지자. '대충이라도 끝까지 읽어본다' '1시간 안에 배운 범위까지 읽어본다' 정도의 소박한 목표를 가져라. 덜 이해했더라도 정한 범위까지 쭉 읽어보자. 읽고 나면 맘이 뿌듯해지고, '끝냈구나' 하고 성취감을 느낄 것이다. 바로 그 순간이 중요하다.

목표에 다다르는 3단계 성취 구간

목표는 보통 3단계에 걸쳐 성취된다.

1단계는 희망 구간이다. 얼핏 보잘것없어 보이는 것을 목표로 한다. 지난번에 1장밖에 보지 않았던 책을 3장까지 보았다든지, 1주일간 하루도 빠짐없이 매일 공부했다든지 하는 아주 작은 성공들

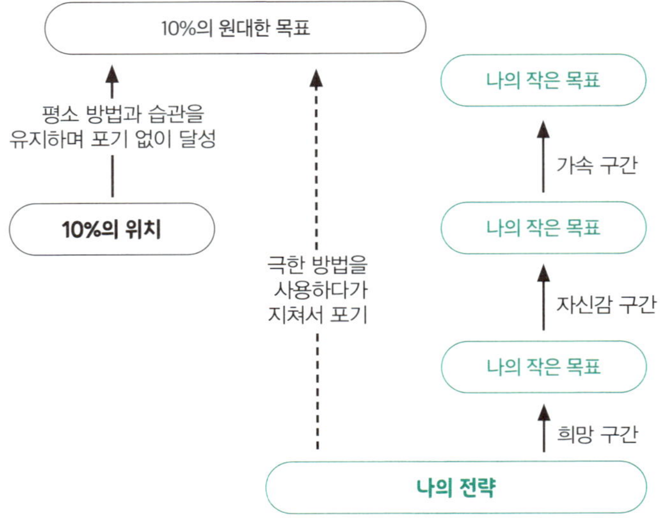

을 목표로 삼아 이루는 구간이다. 희망 구간을 성취하면 '아직 절망 단계는 아니구나' 하고 자신의 가능성을 깨닫게 된다. 어둠 가운데 빛줄기를 어렴풋이 감지한다. 작은 목표를 달성하며 희망을 가진다.

2단계는 자신감 구간이다. 1단계보다 목표가 조금 더 높다. 2단계의 목표를 달성하면 막연한 희망을 넘어 조금씩 자신감이 붙는다. 작게는 책을 하나 마스터하거나 처음으로 정해진 시간 내에 문제를 풀거나, 1개월간 한 번도 빠지지 않고 공부를 했다는 등의 목표를 달성한 단계이고, 크게는 성적 등수가 몇 등 상승했다거나 시험 결과가 눈에 띌 정도로 나아졌다는 등의 목표를 달성한 구간

　　　　　　　　　　　　　　　　진짜 공부 리스타트

이다.

3단계는 가속화 구간이다. 2단계에서의 작은 자신감이 점차 쌓이면 목표가 예전보다 높아져도 달성할 확률이 높다. 이미 지나온 거리가 남은 거리보다 길다는 것을 알게 되면 그 이후에는 가속도가 붙는다.

제3전략
자기 실력의 120%를 발휘하라

목표에 접근하는 방식에는 '상향식'과 '하향식'이 있다.

상향식은 밑에서부터 차근히 실력을 쌓아서 목표에 근접하는 방식이다. 최상위권은 일반적으로 초등학교와 중학교 때부터 독서를 하고 착실하게 공부해 기초 체력이 배양된 상태다. 시험에 나오지 않는 부수적인 문제에도 관심을 가지고 다양하게 지적 호기심을 충족해왔다. 상향식으로 공부하면 굳이 특정 일류 대학을 목표로 하지 않아도 큰 문제가 없는 이상 원하는 대학에 입학하게 된다.

하향식은 철저히 목표에 맞추어서 공부하는 방식이다.

과거 내가 삼성에 다닐 때였다. 같은 부서 직원들의 토익 점수

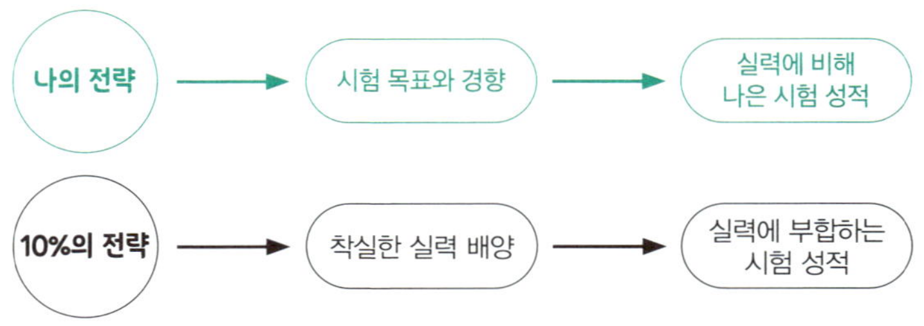

를 우연히 보게 되었다. 재미있게도 미국에서 대학과 대학원을 나온 한 직원의 점수는 800점대인데, 한국에서 대학을 나온 다른 직원의 점수는 900점대였다. 토익 점수가 높은 직원이 영어를 더 잘하는 건 아니었다. 미국에서 대학을 나온 직원은 영어를 자유자재로 구사했지만 토익 성적이 900점대인 직원은 영어 표현이 서투르고 자유롭게 대화하기가 힘들었다. 미국에서 공부한 직원의 점수는 토익에 대한 정보 없이 갑자기 치른 시험 결과였지만, 다른 직원의 점수는 오랫동안 토익 전문 학원에서 점수 향상을 위한 특별 훈련으로 얻은 결과였다. 후자가 바로 하향식 접근이다.

진정한 실력이라고 보긴 어려워도 실력을 배양할 기회가 충분치 않은 90%의 학생들, 특히 입시를 눈앞에 둔 학생들은 철저히 목표에 맞추어 공부하는 하향식 접근을 선택할 수밖에 없다. 시험이 가진 본질적인 한계상 목표 중심의 하향식 방식은 여전히 통한다.

단기간 내 점수 올리는 '하향식' 방법

시간이 많지 않다. 기본기도 그리 튼튼하지 않다. 지금부터 많은 책들과 참고서들을 닥치는 대로 독파하여 실력을 쌓고 성적을 올리기에는 갈 길이 멀다. 그렇다면 이제부터는 철저히 목표에 충실하고 목표를 달성하는 방식으로 공부해야 한다. 시험에 집중하고, 자기 실력보다도 시험 점수를 더 높일 수 있는 방식으로 공부해야 한다.

앞서 논리적 사고의 중요성에 대해 강조했지만, 입시를 앞둔 수험생들에게는 융통성 있는 적용이 필요하다. 성적이 나쁜 학생에게 가장 필요한 요소는 창조성이 아니다. 좋은 성적이다. 성적이 좋아야 희망도 생기는 법이다. 상위 10%의 학생에게는 창의력이 중요할지 모르지만 그런 능력 개발은 잠시 접어두자.

하향식에는 3가지 방법이 있다.

① 시험의 경향과 패턴 파악하기

내신 시험과 수능, 논술 등의 경향과 패턴 위주의 공부법이다. 경향과 패턴을 익히는 가장 좋은 방법은 과거의 시험 문제와 최근의 모의고사를 분석하는 것이다.

대학 입시 공부의 정석은 패턴을 이해하고, 문제 푸는 방식을 외워서 빠른 시간에 문제 풀기다. 높은 성적을 얻기 위해서 공식이 나오는 원리를 철저히 유도해낼 필요가 없으며, 그 공식이 나

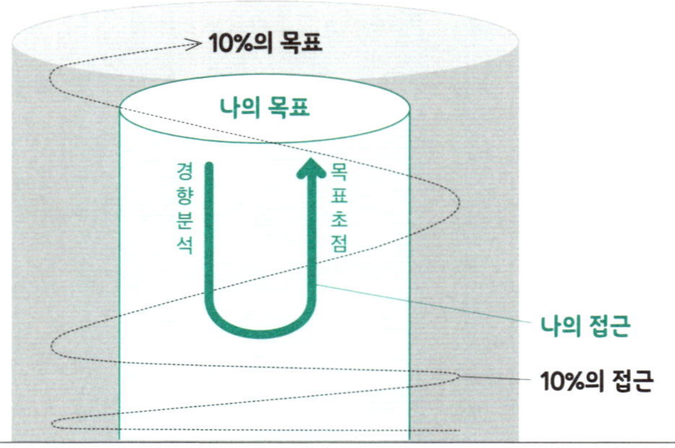

오게 된 배경을 100% 이해할 이유가 없다. 물론 1% 극소수의 학생들처럼 제대로 공부하려면 이와 같이 공부해야 한다. 지금은 시간 여유가 없으므로 우선 성적부터 올려야 한다.

시험의 출제 경향을 파악하고 개념을 이해한 후 경향에 적합한 문제들을 풀어보면서 해결 방식을 외우고, 빠르게 적용할 수 있는 기법을 익힌다. 경향과 패턴에 불합치하는 문제는 항상 나온다. 제1 전략에서 언급했듯이 이것까지 맞힐 생각은 접자.

② 단기적인 성적 향상을 목표로 하기

만일 자신이 고1인데 실제 수학 실력은 중2 수준이라고 해보자. 그렇다고 중2 교과서로 공부할 필요는 없다는 의미다. '고1 때는 중2와 중3 내용을 마스터하고, 고2 때는 고1과 고2 내용을 마스터해서 고3에 진도를 따라잡자' 하고 생각할 수 있다. '수능은 잘 브겠지' 하고 희망을 품을 수 있다. 그러나 이와 같은 방법으로는 고3 때까지 내신과 모의고사 등의 각종 시험을 포기할 수밖에 없다.

기초가 부족하더라도 고1이라면 고1 교과서로 출발해야 한다. 100% 이해하려 할 필요는 없다. 그 대신 철저히 시험 성적을 높이는 방식으로 공부한다.

배우는 내용을 대략 이해한 후 다양한 예제를 풀어보고 답을 맞춰보고 푸는 방식을 외운다. 기초 지식이 부족하여 도무지 이해가 되지 않는 영역은 틈틈이 그 영역만 지난 교과서를 참고하거나 선생님, 과외, 인터넷 강의 등을 활용한다. 한참 부족하다면 방학을 최대한 이용해서 총체적으로 정리한다.

③ 시험을 잘 치르는 기법 익히기

실력에 비해 나은 시험 성적을 거두기 위해서는 시험의 다양한 기법을 이해하고 적용해야 한다. 최대의 적은 실수다. 상위 10%는 거의 실수하지 않는다. 아는 문제는 틀리는 법이 없다. 심지어 모르는 문제도 잘 찍는다. 그러나 대다수는 아는 문제조차 틀린다. 그만큼 실수를 줄이는 방법은 무척 중요하다. 이전 장에서 기술한 시험 기법들을 몇 번이고 숙독하고 실행해야 한다.

제4전략
예습하지 마라

공부를 뛰어나게 잘하는 학생들은 예습을 철저하게 한다. 매일 예습하고 방학 중에도 예습한다. 예습하면서 다음 내용을 이해하고 질문거리를 만들어낸다. 전혀 배우지 않은 내용도 차분히 앉아서 책을 읽고 참고서를 보면서 스스로 이해한다.

그러나 학생의 대다수는 배우지 않은 내용을 혼자 이해하려면 상당한 시간을 들여야 한다. 거의 불가능한 경우도 있다. 상위 10%의 학생들을 흉내 내어 오늘부터 매일 철저히 예습하겠다고 결심해보라. 이 책 저 책 잡고 있다가 시간은 시간대로 버리고 머리만 쥐어뜯다 끝날 가능성이 높다.

예습을 하지 마라! 1~2분 정도 가볍게 목차와 내일 배울 내용을 대충 훑어보는 정도로 끝내라.

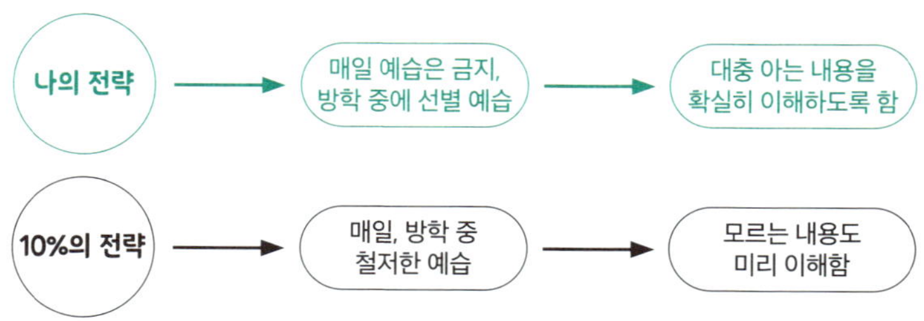

수업을 방해하는 최대의 적을 찾아라

반드시 수업 시간에 집중하자. 영어와 수학을 제외한 다른 과목은 수업 시간에 집중해 듣고 가볍게 복습하는 것만으로도 충분하다. 안타깝게도 학생 대다수가 수업 시간을 소홀히 한다. 몇 가지 원인이 있겠지만, 그중 하나가 선생님들이 썩 맘에 들지 않기 때문이다. 상대적으로 공부 잘하는 학생만 좋아하는 선생님들에게 좋은 감정이 있을 리 만무하다. 어쩌랴, 자신이 선생님이라도 마찬가지 입장일 것이다. 신이 아닌 이상 모든 학생을 똑같이 사랑하기는 어려운 법이다. 선생님의 변화를 기대하지 말고, 자신이 바뀌어야 한다. 선생님에게 집중해야 한다.

이미 학원에서 배웠거나 앞으로 학원에서 배울 내용이기 때문에 수업에 집중하지 않는 경우도 있다. 이러한 태도로는 현재의 상태에서 절대 벗어날 수 없다. 어중간한 선행 학습은 도리어 독이 된다는 점을 기억하자.

공부 잘하는 학생은 영어, 수학 외 일반 과목을 선행 학습하지 않는다. 중학교 때부터 내신을 관리하는 학원에 다니는 학생이 꽤 많다. 학교의 진도를 한 템포 앞서서 학원에서 배우는 것이다. 동일한 내용을 학원에서 공부하고, 학교에서 1번 더 배우면 2번을 듣는 셈이니 완벽하게 이해할 수 있는 이상적인 방법처럼 보인다.

그러나 현실은 정반대다. 공부 잘하는 학생의 입장에서는 1번 들어도 이해할 수 있는 내용을 2번까지 들을 이유가 없다. 1번만 듣고 나머지 시간에는 스스로 생각하고 정리하고 복습하는 게 훨씬 효과적이고 효율적이다.

공부를 잘하지 못하는 학생의 경우 학원에서 배운 내용을 완전히 소화하지도 못했으면서 이미 배운 내용이라며 학교에서 딴짓을 한다. 시간 낭비다. 학교 수업에 최대한 집중하고, 내신 관리 학원에 갈 시간에 수업 내용을 정리하고 혼자 복습하는 것이 실력에 상관없이 모두에게 바람직하다. 기초와 이해력이 부족해서 2번 해야 겨우 알아듣는 학생에게는 내신 전문 학원이 도움이 된다. 단, 2번 모두 집중력을 발휘해야 한다는 점을 전제로 한다.

학생이 수업 시간에 집중하지 못하는 원인들 중 첫 번째가 밤늦게까지 공부하느라 잠이 부족해서다. 밤늦게까지 공부하고 학교 수업 시간에 조는 일은 최악의 선택임을 명심해야 한다. 잠을 푹 자라. 8시간을 자도 좋으니 맑은 정신으로 학교 수업에 임하라.

반면, 너무 많이 자도 문제다. 잠에 취해 하루 종일 몽롱한 상태로 수업 시간에 또 졸게 된다. 공부에 의욕이 없기 때문에 잠으로 현실을 도피하려는 학생에게 많이 나타나는 현상이다. 이 학생에게는 상담이 필요하다. 공부의 필요성과 자신감을 심어주지 않으면 중고등학교 시절 내내 혼수 상태에서 빠져나오기 어렵다.

집중하려고 노력하는데 무슨 말인지 이해하지 못해서 수업을 포기하는 경우도 있다. 제일 안타까운 경우다. 마찬가지로 몇 가지 원인이 있는데, 그중 하나가 이전 내용을 이해하지 못해 새로운 내용을 받아들이지 못하는 경우다. 대부분의 단원이 앞 내용의 연장선상에 있기 때문이다. 철저히 복습하면 해결되는 문제다.

두 번째 원인은 기초가 부실해서다. 수학이나 영어 과목은 주말이나 방학을 이용해서 차근차근 기초를 쌓아야 한다. 책 전체를 처음부터 끝까지 볼 필요는 없다. 수업 시간의 진도와 관련된 기초만 공부한다.

세 번째 원인은 선생님의 가르치는 솜씨가 부족해서다. 어려운 내용을 쉽게 가르치는 선생님이 있는가 하면 쉬운 내용도 어렵게 가르치는 선생님이 있다. 상위권 학생들은 구애받지 않지만 상위권이 아닌 학생들은 어려움을 겪을 수 있다. 이는 인터넷 강의를 통해 보완할 수밖에 없다.

모든 공부는 진도 따라잡기에 최대한 맞추어야 한다. 수업 진도와 별개로 진행되는 학원, 자체 학습, 과외 등은 별 도움이 되지 않는다. 굳이 학원에 가야 한다면, 학교의 수업 내용 중 이해하지 못한 부분을 보충해줄 수 있는 학원에 가라. 인터넷 강의를 듣는다면, 학교의 범위와 같은 내용을 다시 들어서 수업 중에 이해 못한 부분을 알아가는 쪽으로 초점을 맞추자.

학교 진도를 제대로 따라가지 못한 상태에서는 다른 것을 하지 마라! 어설프게 여러 가지를 아는 것은 하나를 정확히 아느니만 못하다.

마지막으로, 수업 환경이 제대로 조성되지 않아도 수업에 소홀해진다. 좋은 학교로 전학가는 게 가장 좋지만 현실을 쉽게 바꿀 수 없는 걸 어쩌랴! 자신을 바꾸어야 한다. 앉는 자리를 학생 스스로 선택할 수 있다면 무조건 맨 앞자리에 앉아라. 열악한 상황을 극복할 수 있는 그나마 좋은 방법이다.

복습 효과 높이는 3가지 요령

무엇보다도 복습이 중요하다. 수업을 들으면 아는 내용도 나오고 모르는 내용도 나온다. 과목별 수업이 끝날 때마다 배운 내용을 정리한다. 쉬는 시간에 잠시 정리하는 게 가장 좋지만 그 시간에 책상에 앉아 있기는 말처럼 쉽지 않다.

집에 도착해서라도 하루 동안 배운 내용을 복습한다. 복습의 초점은 '외우기'가 아니다. 이해한 내용과 이해하지 못한 내용을 골라내는 데 있다. 이해가 되면 넘어가고 이해되지 않은 부분만 복습한다. 특히 언어와 외국어 과목 외에는 복습이 매우 중요하다.

① 24시간 이내에 복습하라

복습은 어느 정도의 간격으로 하는 게 좋을까? 망각곡선 이론에 의하면 망각이 급격하게 일어나는 시기는 학습한 후 24시간 이내. 배운 그날 바로 복습하면 10분이면 충분할 것을 1개월 후 또는 시험에 임박해서 복습하면 1시간 넘게 들여다봐야 한다는 의미다.

1차 복습은 무조건 당일에 한다. 수업 직후가 가장 좋지만 현실적으로 어렵다면 그날 해라. 오늘 배운 내용을 내일, 모레까지 반복할 필요는 없다. 시간도 없고 비효율적인 방법이다.

그날 복습하고, 1주일, 1개월 간격으로 복습하자.

② 모르면 친구에게 물어보라

복습할 때 모르는 부분이 나오면 어떻게 해야 할까? 많은 책에서는 선생님에게 여쭤보라고 한다. 현실을 잘 모르는 말이다. 학교 선생님에게 물어보기란 말처럼 쉽지 않다. 창피를 당할까 염려가 앞선다. 선생님께 묻는 건 공부 잘하는 학생들의 차지다. 1등은 질문할 때 떳떳하다. 왜냐하면 자신이 모르면 다른 학생도 다 모른다고 생각하기 때문이다. 다른 학생들은 잘못 질문하면 나만 모른다는 사실만 공개될 위험이 있다.

이런 경우 자신보다 공부를 조금 더 잘하는 친구에게 묻는 게 가장 좋다. 괜찮은 친구 하나가 선생님보다 훨씬 낫다.

③ 방학을 역전의 기회로 삼아라

남을 앞지를 수 있는 유일한 기회가 방학 기간이다. 방학 때는 기본을 강화하는 데 집중한다. 방학 때 다음 학기에 배울 일반 과목을 예습하는 건 엄청난 시간 낭비다. 방학 때 10시간 걸려 예습한 분량은 학교 수업을 듣고 복습하면 1시간 만에 해결할 수 있는 양이다.

과학, 사회 등의 일반 과목은 예습하지 말고 미진한 부분만 복습하되 수학과 영어는 선행 학습을 한다. 다음 학기의 교과서를 미리 배우라는 뜻이 아니라 영어는 기본적인 문법, 독해 등의 기반을 다지고 수학은 참고서를 선행하라는 의미다.

선행 학습의 또 하나 중요한 원칙은 절대 혼자 하지 말라는 것이다. 혼자 책을 읽고 이해하는 선행 학습은 비효율적이다. 학원에 다니건 인강을 듣건 과외 선생을 두건 간에 반드시 누군가의 도움을 받아야 한다.

제5전략
스스로 속박하라

공부를 잘하는 학생은 공부 환경에서 몇 가지 특징을 보인다.

첫째, 어디에 있어도 공부를 잘한다. 덜컹거리는 버스 안에서도 공부하고, 걸어가면서도 공부한다.

둘째, 금방 집중한다. 책상에 앉아도 학교 수업 시간에도 지하철 안에서도 금방 몰두한다.

셋째, 전환을 잘한다. 스마트폰을 보다가도 시간이 되면 공부 모

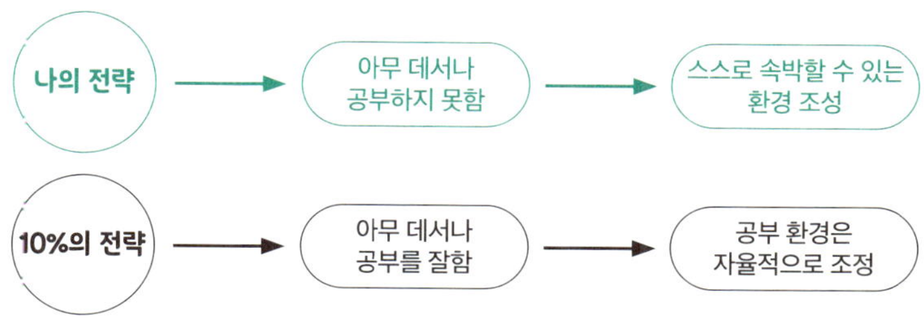

드로 바로 전환한다.

그러나 대다수의 학생은 반대의 특성을 보인다.

첫째, 아무 데나 두면 공부가 잘 안된다. 조용하면 너무 조용해서 안되고, 시끄러우면 너무 시끄러워서 잘 안된다. 모처럼 집에서 공부하려고 마음먹고 책상에 잠시 앉았다가 조금 후에 좌식 탁자로 옮기고 조금 더 지나면 침대에 눕는다.

둘째, 금방 집중이 안된다. 책상에서 10분 공부하고 화장실을 들락거리고 냉장고 문을 열었다 닫았다 한다. 책상에만 앉으면 배가 고프고 목이 마르다. 책상 정리를 하다가 시간만 다 보낸다. 공부하면서 음악을 들으면 집중이 더 잘된다고 오해하면서 공부가 아니라 음악에 집중한다.

셋째, 전환이 거의 불가능하다. 잠깐 쉬고 공부하겠다는 말을 많이 한다. 잠깐 쉴 요량으로 스마트폰을 들여다보면 그날은 끝장이다. 30분이 지난 것 같은데 벌써 3시간이나 지났다. 유일하게 전환이 잘되는 것이 잠이다. 뭘 하건 잠으로의 전환은 잘된다. 잠깐 자고 공부한다는 말을 자주 한다. 다음 날까지 계속 자고 일어나서는 왜 안 깨워줬느냐며 부모를 원망한다.

스스로 환경을 통제하는 학생도 있지만 대다수는 그들과 다른 습관과 생활방식을 가지고 있기 때문에 환경을 스스로 통제하기는 매우 어렵다. 이상하게도 공부에 자신감이 없는 학생도 환경 통제 부분에서는 자신감이 충만하다. 자신을 통제할 수 있다고 착각한다. 고집도 세서 도움을 요청하지 않는다. 그러다가 생각대로 잘 안되면 쉽게 포기한다. 이것이 공부 못하는 학생들의 일반적인 악순환 구조다.

실행에 앞서 다음 체크리스트를 통해 자신의 환경 통제 점수를 확인해보자.

+ 환경 통제 자가 진단법

'자주 그렇다' 2점, '전혀 그렇지 않다' 0점으로 계산한 후 합산한다.

영역	항목	채점
게임	공부를 하려고 하면 게임 생각이 나서 집중하기 어렵다.	
	게임에서 사용하는 용어를 현실에서도 그대로 쓴다.	
	게임을 하기 위해 거짓말을 한 적이 있다.	
	게임을 하고 나면 머리와 허리가 쑤신다.	
	게임을 그만두고 싶지만 마음대로 되지 않는다.	

게임	게임·인터넷을 하느라 밤을 새우거나 2시간 이상 꼼짝하지 않은 적이 있다.
	게임을 하는데 부모님이 그만하라고 하면 짜증을 내고 화를 낸다.
판단	8점 이상 → 게임 불가 시간을 조정해 강제 환경을 만들어라.
스마트폰	스마트폰을 두고 나온 날은 하루 종일 불안하다.
	공부를 하면서 스마트폰을 손에 쥐고 있을 때가 많다
	공부를 하면서 수시로 SNS를 확인하느라 공부의 흐름이 끊긴다.
	스마트폰 진동을 느끼거나 벨소리 환청이 들린 적이 있다.
	가끔 엄지손가락이 뻐근하다.
판단	6점 이상 → 스마트폰을 통제하라.
침대	책상에 있다가 침대에 들어가서 공부한다.
	틈만 나면 침대에 드러눕는다.
판단	2점 이상 → 침대를 버려라.
친구	친구들과 같이 공부한다고 모여서 떠들고 놀기만 한다.
	나보다 공부를 못하고 성실하지 않는 친구들과 주로 공부한다.
판단	2점 이상 → 혼자 공부해라.
공부 장소	내 공부 장소(집, 독서실 등)는 주위가 시끄러워서 공부가 안된다.
	내 공부 장소는 너무 조용해서 공부가 안된다.
	지금의 공부 장소에서는 집중이 안된다.
	공부하다가 자주 들락날락한다.
	공부하다가 쉽게 잠이 든다.
판단	6점 이상 → 집중할 수 있는 다른 장소를 찾아라.

① 잠의 유혹이 강하다면 부모님께 공부방에서 침대를 치워달라고 요청한다.

② 다스릴 수 없다면 스마트폰을 꺼놓거나 부모님께 맡긴다.

③ TV의 유혹이 강하다면 부모님께 TV를 버려달라고 요청한다.

④ 공부방에서 컴퓨터를 치우고 시간 제한 프로그램 설치를 요청한다(자신이 설치하면 얼마 못 가 다시 해제할 수 있다).

⑤ 너무 조용해서 공부가 안되면 부모님께 옆에 있어달라고 부탁한다.

⑥ 친구와 같이 공부하지 마라. 그래도 같이 공부하고 싶다면 어떤 유혹에도 흔들리지 않을 만큼 성실한 친구, 내가 모르는 부분을 도와줄 수 있는 친구라야 한다.

⑦ 집에서 집중이 되지 않으면 자신의 환경을 다스려줄 수 있는 학교나 독서실 등을 과감히 택하라. 친구들과 뭉쳐서 독서실에 가지 마라. 친구들과 떠들고 노는 곳은 독서실이 아니라 교도소라도 공부에 무의미하다.

⑧ 그래도 환경이 조성되지 않는다면 기숙 학원에 가라. 단, 가장 규율이 엄한 기숙 학원을 택하라. 기숙 학원에서도 술 마시고 노는 학생들이 적지 않다.

상위 10%의 방법을 흉내 내지 말자. 습관이 들기까지는 강제적으로 통제하는 환경에 자신을 맡겨라. 부모나 코치의 도움이 필요하다. 반드시 독서실이나 학원에 다니라는 뜻은 아니다. 스스로 공부할 수 있는 환경을 조성하기 위해서 주변에 도움을 요청해야 한다는 의미다.

또 하나 기억할 것은 공부로 전환이 잘 안된다는 판단이 들면 전환을 하지 않는다. 다시 말해서 공부가 잘되는 상태에서는 굳이 쉴 필요가 없다. 쉬었다가 다시 공부 모드로 돌아오기는 매우 어럽다. 모처럼 발동이 걸렸다면 끝까지 유지하라. 책상 위에서 잠시 몸풀기를 하거나 시원하게 공기를 환기하는 정도가 적당하다. 시간마다 적절한 휴식을 취하라는 공부 기법은 상위 10%에게나 해당하는 조언이다. 환경은 정말 큰 영향을 미친다. 환경만 바꿔도 성적을 올릴 수 있는 확률이 높아진다.

제6전략
답을 보고 이해하라

"모르는 문제는 끝까지 도전하라"는 말의 함정

공부법을 다룬 많은 책에서 수학이나 과학 과목을 공부하다가 모르는 문제가 나오면 풀릴 때까지 도전하라고 한다. 아마 다음과 같은 조언을 수없이 들었을 것이다. "포기하지 말고 풀어봐. 계속 생각하면서 풀면 언젠가 답이 나올 거야. 답을 구하지 못해도 그 과정에서 많은 것을 얻을 수 있어."

이 말 또한 상위 10%의 학생들에게나 해당하는 말이다. 문제 대부분을 어렵지 않게 해결하고 어쩌다가 고난도 1~2개 문제가 나온다면 끝까지 도전할 만한 가치가 있다.

대다수의 학생은 어려운 문제를 수시로 만난다. 끝까지 도전하

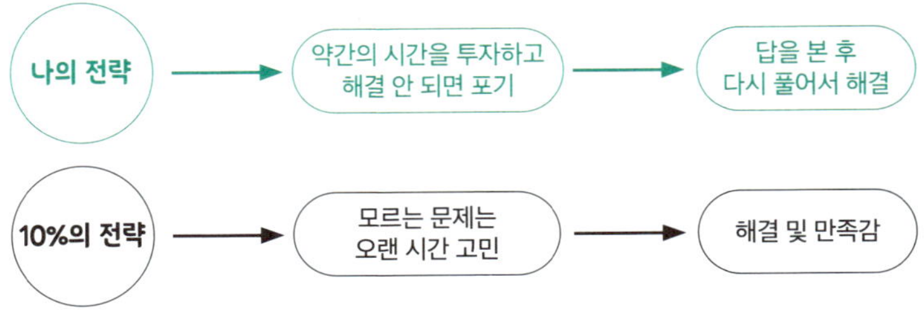

다가는 시간만 낭비하게 된다. 영어 공부도 마찬가지다. 어떤 전문가는 같은 내용을 수백 번 들으면 귀가 뚫린다고 하지만 자신이 이해할 수 없는 단어와 문장을 수천 번 듣는다고 해서 저절로 이해되는 건 아니다. 이전 전략에서 강조했듯이 공부를 위한 공부가 아니라 철저히 시험에 부합하는 공부를 해야 한다.

내신이나 수능 등의 대학 입시를 분석해보자. 1시간에 1~2개 문제를 푸는 시험이 아니다. 주어진 시간에 풀어야 할 문제가 상당히 많다. 즉, 복잡하고 푸는 데 시간이 많이 걸리는 문제는 나오지 않는다는 의미다. 일반적으로 몇 분 안에 해결할 수 있는 문제만 출제된다.

입시에서는 창조성을 요구하거나 수학자의 자질을 테스트하지 않는다. 개념을 충분히 이해하여 활용할 수 있는지를 물을 뿐이다. 시험이 어렵게 느껴지는 것은 문제가 본질적으로 어렵고 해결 과정이 복잡해서가 아니라 평소 접하던 것과 다른 유형이기 때문이다. 좋은 점수를 얻기 위해서는 다양한 유형의 문제를 접하는 것

     진짜 공부 리스타트

이 매우 중요하다. 다양한 유형을 접해 패턴을 이해하고 외워라.

답을 보면 흐름이 보인다

어려운 문제를 접하면 절대 시간을 들여 씨름하지 마라. 시간이 넉넉하다면 모르겠지만 입시를 앞둔 상황에서는 적합하지 않다. 과감히 답을 보라. '아, 이 문제는 이런 유형의 문제구나' 하고 이해하자. 그다음에는 푸는 흐름을 외워라. 나중에 비슷한 유형이 나와도 맞힐 수 있다.

답을 보고 이해한 후에는 반드시 손으로 다시 풀어봐야 한다. 눈으로 이해하는 것과 직접 손으로 푸는 건 매우 다르다. 이해가 되었어도 손이 나가지 않는 경우가 많다. 손으로 풀 수 있을 때까지 시도하라.

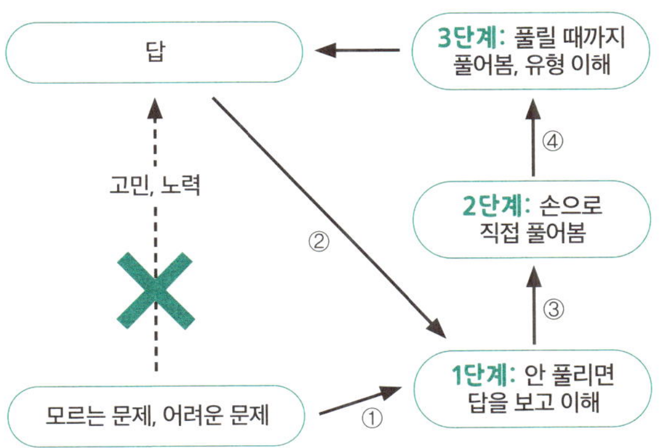

가장 중요한 건 어려운 문제를 풀 때 시간을 들여 끙끙거리는 것이 아니라, 답을 보고 이해하더라도 다양한 유형을 접하고 몸과 머리로 체화하는 것이다. 이 전략에서 파생된 전술을 하나 더 이야기하겠다. 시험 전술 중 하나다.

지문이 많은 영어와 언어 시험은 문제를 먼저 보고 나서 지문을 읽어라. 지문을 먼저 보면 문제의 초점에 맞지 않게 지문을 읽을 위험이 있다. 또한 지문을 먼저 읽고 문제를 보고, 다시 지문을 보게 되어 시간이 많이 걸린다. 운이 좋으면 내용 전체를 이해하지 못하더라도 문제를 맞힐 수 있다.

<h3 style="text-align:center">제7전략
쉬운 것부터 하라</h3>

공부를 아주 잘하는 사람에게는 어려운 것부터 하라고 권한다. 어려운 내용을 이해하면 쉬운 내용은 저절로 알게 되기 때문이다. 예를 들어 1차 방정식을 알려주기 전에 2차 방정식을 먼저 가르친다. 2차 방정식을 이해하면 1차 방정식은 쉽게 풀린다.

참고서나 문제집도 마찬가지다. 어려운 참고서를 마스터하면 다른 내용은 식은 죽 먹기다.

       진짜 공부 리스타트

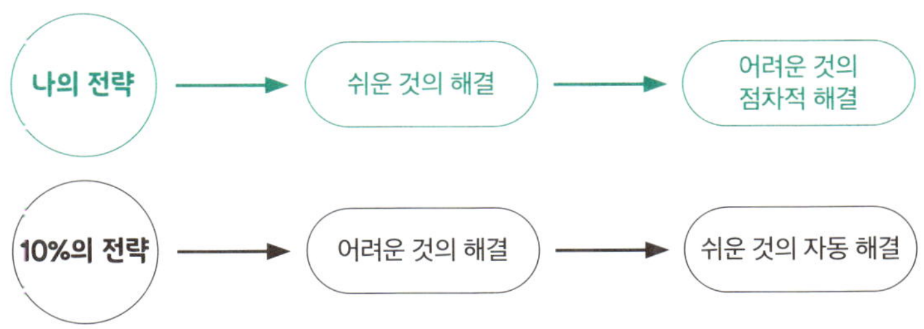

보통 수준의 학생들에게 이와 같은 전략을 사용했다가는 1주일도 못 가서 포기하고 만다. 인정하고 싶진 않겠지만 상위 10%에 비해 아무래도 이해력이 딸린다. 어려운 것을 해결하는 데 좀 더 시간이 걸린다. 공부 방법을 습득해서 이해력이 향상되면 그때 가서는 상위 10%의 전략을 사용해라. 그러나 지금은 다른 전략을 적용해야 한다.

몇 차례 이야기했지만 수험생들에게는 '성취감'과 '자신감'이 가장 중요하다. 자신감이나 성취감은 어려운 것을 해결해야만 얻을 수 있는 건 아니다. 어렵고 힘들수록 성취감 또한 커질 수는 있다. 그러나 내가 현재의 상태에서 한 단계 전진할 수 있는 폭은 제한돼 있다.

범위 내에서 성취감을 느끼고 범위를 조금씩 확장해가는 것이 중요하다. 나는 에베레스트산이 아닌 뒷동산만 올라도 성취감을 느낀다. 어려운 일을 성취해서가 아니라 무언가라도 성취했다는 성공 경험이 중요하다. 일단 쉬운 것, 재미있는 것부터 출발하자.

만만하게 시작해야 끝이 보인다

일반적으로 교과서가 제일 쉽다. 참고서와 문제집은 자기 수준에 맞는 것을 골라야 한다. 보기 편하고 얇고 만만한 것부터 고르자. 여러 권을 사지 말고 하나만 사라. 첫 장부터 보지 마라. 관심이 가는 곳부터 보자.

공식을 먼저 이해하고, 공식을 쉽게 적용할 수 있는 단순 계산 문제부터 푼다. 교과서에 나온 문제가 좋다.

자신감이 생기면 조금 어려운 유형의 문제를 접한다. 이해가 안 되는 문제는 반원(D)으로 표시한다. 답을 보고 다시 이해해서 푼 후 동그라미(○)로 바꾼다. 다음에는 비슷한 유형의 다른 문제를 풀어본다. 이런 방법으로 공부하면 문제집은 항상 100점으로 채워질 것이다. 그 대신 쉬운 책이든 문제집이든 1번만 보지 말고 2번은 꼭 보라.

두 번째 볼 때는 모든 문제를 풀지 말고 'D'으로 표시된 문제만 다시 풀어보자. 한 번에 풀면 좋다. 못 풀면 다시 보고 풀어보자. 여전히 못 푼 문제가 있겠지만 그 수가 현저하게 줄어들 것이다.

세 번째에는 바로 앞에서 틀린 문제만 풀어라. 뒤로 갈수록 가속이 생겨서 조만간 문제집의 모든 문제를 완벽하게 마스터할 수 있을 것이다. 이렇게 해서 조금 쉬운 책 하나를 확실히 끝낸다.

남들은 어려운 문제집에 도전해 한 번에 완벽하게 100점을 맞는데 나는 쉬운 문제집을, 그것도 3~4번 거쳐야 완벽한 100점이 되는가 하고 머리를 쥐어뜯지 마라. 그들이 책만 파고 있었을 때 나는 틈틈이 놀지 않았는가! 늦게 출발했으니 그들보다 시간이 더 걸리는 건 당연하다. 그 대신 상위 10%의 과거 1년을 여러분은 1개월로 줄일 수 있다. 마음을 편히 가지고 그들이 1시간 투자하면 나는 2시간 투자하겠다는 생각으로 임하자.

학생들을 가르쳐보면 공부를 잘하지 못함에도 자신에게 맞는 쉬운 책을 고르기를 꺼리는 경우가 많다. 그 이유가 재미있게도 '자존심'이다. 주위와 비교하는 것이다. 아주 잘하는 친구가 아니라 나와 비슷한 수준이거나 나보다 조금 잘하는 친구 때문이다.

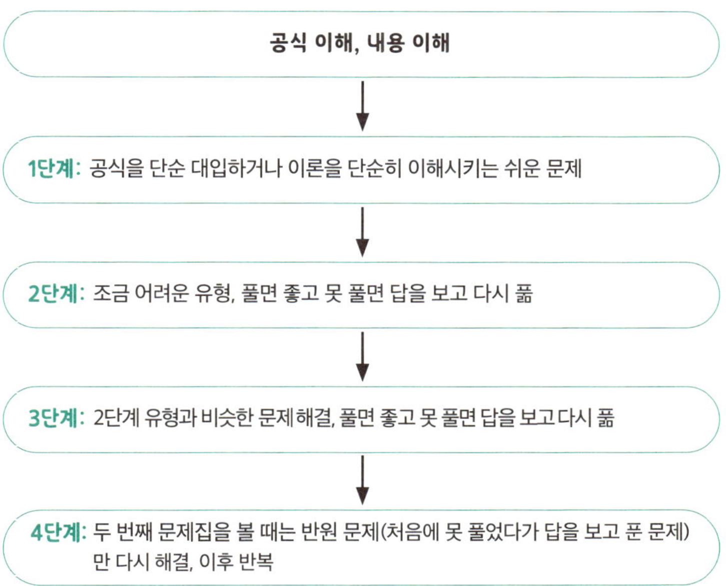

그 친구는 어려운 책을 보는데 나는 쉬운 책으로 공부한다는 사실
에 자존심이 상한다.

가장 좋은 방법은 어느 정도 실력이 향상되기까지는 공부할 때
친구를 만나지 않는 것이다. 친구를 꼭 만나야 한다면 책 2권을 사
서 겉으로는 어려운 책으로 폼 잡고, 혼자 공부할 때는 쉬운 책으
로 하라. '비교가 사람을 죽인다.'

공부를 잘하지 못하면 책을 잘 안 산다. 그러다가 모처럼 큰맘
먹고 공부하려고 하면 귀가 얇아져서 이런저런 책만 사 모으다가
시간만 버리는 경우가 적지 않다. 어려운 책으로 폼만 잡다가 내
용을 소화하지 못하느니 쉬운 책으로 소화하는 게 100배 낫다.

<h2 style="text-align:center">제8전략
한 번에 하나만 하라</h2>

상위 10%의 학생들은 공부에 숙달된 학생들이다. 멀티프로세
싱(한 번에 여러 일 하기)를 잘한다. 책을 여러 권 펴놓고도 기가 막
히게 하나로 정리한다. 한꺼번에 여러 책을 보는 것은 정해진 시
간 내에 훨씬 많은 내용을 효율적으로 공부할 수 있는 방법이다.
인터넷 강의를 들으면서 뉴스도 본다. 이미 많은 내용을 알고 있

 진짜 공부 리스타트

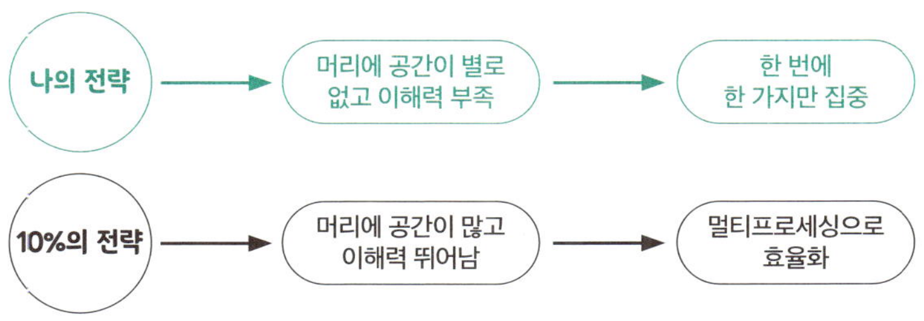

고 이해력이 빠르기 때문에 하나에 집중하지 않아도 다른 것을 받아들일 만한 여유가 있다.

공부 몰입 방법

공부에 숙달되지 않은 상태로 위의 전략을 흉내 내다가는 망한다. 앞서 말했다시피 '집중'해서 공부하는 것이 일반적인 방법이다.

① One and One: 한 번에 하나만

'집중'을 하기 위한 출발점은 한 번에 하나만 하는 것이다.

인터넷 강의를 듣는다면 그것만 듣자. 쓸데없이 숏폼을 보거나 SNS를 확인하지 마라. 음악도 듣지 마라. 오로지 인터넷 강의에만 집중해라. 게임을 할 때는 게임만 하지 않는가! 게임하면서 다른 것을 하면 게임에서 질 수밖에 없다.

수업 시간에도 마찬가지다. 수업 시간에는 수업에만 집중하자.

책상 위에 여러 권의 책을 쌓아놓지 마라. 이 책을 볼 때 저 책이 생각나고 저 책을 볼 때 이 책이 생각난다. 마음만 왔다 갔다 하다가 끝난다. 책상 위에는 공부할 책 하나만 놓고 다른 책들은 다 치워라.

독서실에 여러 과목의 책을 가져가지 마라. 1~2시간 공부할 거면서 모든 과목의 참고서와 문제집을 챙기는 학생들이 많다. 시간만 버린다. 1~2시간 공부할 거면 1권, 많아야 2권이면 족하다. 오늘은 이것만 공부하겠다고 생각해라. 여러 과목의 책을 가지고 가면 영어 공부를 할 때 수학이 걱정되어서 수학책을 꺼내게 되고, 수학 공부를 할 때 과학이 걱정되어 과학책을 꺼내게 된다.

② 슬림화: 요약하고 정리하고

책 하나를 펼쳐놓고 공부를 시작한다고 해서 머릿속 상념이 저절로 사라지지 않는다. 책상에 앉기도 힘들지만, 앉는다고 금방 몰입이 되지는 않는다.

제10계명에서 밝혔듯이 공부하는 내용을 B4나 A4 용지 1쪽으로(또는 노트) 요약 정리한다. 요약 정리를 하려면 머리를 써야 하고, 머리를 쓰면 자연히 집중하게 된다. 암기 공부라면 누군가를 가르치듯이 소리 내고 손으로도 써라. 머리가 다른 쪽에 신경 쓰지 않도록 오감을 활용하는 방법이다. 눈으로만 책을 읽고 머리에 넣는 방식은 실패할 확률이 높다. 눈은 책을 보고 있지만 그동안 머리는 지구 한 바퀴를 돌고 있을 것이기 때문이다.

③ 카운트: 시작과 종료 시간 체크!

공부를 시작하는 시간과 끝나는 시간을 기록하라. 자신이 공부한 시간을 기록하고 책상 위에 붙여보자. 집중 시간이 점차 늘어남을 확인할 수 있다. 일종의 게임으로 생각하고 시행하면 효과 또한 커진다.

복잡한 문제는 각개격파하라

위의 전략과 연관된 또다른 지침은 '하나씩 해결하라'다. 복잡한 상황은 영역을 나눠 하나씩 해결한다.

머리가 좋고 공부 훈련이 된 학생은 종합적으로 생각하여 몇 가지 일을 동시에 해결한다. 아직 훈련이 덜 된 대다수는 하나씩 해결해야 한다. 취약한 영역을 살펴보자. 영어가 가장 취약하고, 수학도 부족하며, 과학도 버겁다. 내신도 관리해야 하고, 수능도 봐야 한다.

이러한 복잡한 상황을 어떻게 해결할 것인가?

문제 영역을 나누고 우선순위를 매긴 후 하나씩 차근차근 해결하자. 내신 시험일이 다가온다면 내신을 먼저 해결하고 수능은 뒤로 돌리는 식이다. 둘 다 붙잡고 이쪽 저쪽 하려고 욕심 부리지 말자. 수학 성적이 가장 떨어진다면 이번 방학은 수학 기초를 다지는 데 전념해야 한다.

다른 것들은 나중에 생각해라. 아무것도 안 하고 고민만 하기보다 일단 하나라도 하는 것이 중요하다. 하나를 하면 나머지도 하나씩 풀리게 되어 있다.

제9전략
계획표를 상세하게 세우지 마라

공부 방법의 핵심 중 하나가 '계획'을 잘 세우는 것이다. 철저한 계획 수립 및 실행에 어려움을 겪는 학생들에게는 다음과 같은 공통적인 문제점이 있다.

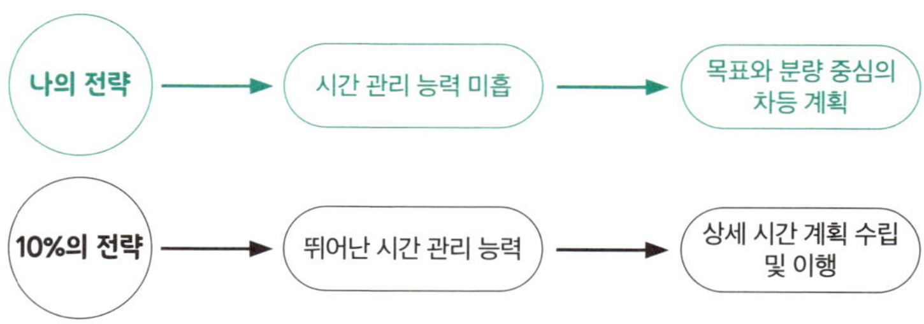

① 계획을 세우기는 하나 목적이 없는 계획을 세운다

오늘은 몇 시부터 몇 시까지 공부하고, 몇 시부터 몇 시까지 휴식을 취하고…. 열심히 계획하지만 "So What?(그래서 어쩌라고?)"

질문에 답변을 못한다.

② 일일 원형 계획표를 세운다

하루 동안 학교 가고, 학원 가고, 공부하고, 휴식하고…. 이러한 방식의 계획표를 선호한다. 엄밀히 따지면 이것은 계획표가 아니다. 하루 일정 요약표다. 계획 없이도 하루는 그렇게 돌아간다.

③ 계획을 잘 안 세우지만, 한번 계획하면 지나치게 꼼꼼하게 짠다

크게 마음먹고 종일 계획을 세우는 데 시간을 다 보내고, 계획표를 열심히 색칠하고 책상 위에 붙인다. 그러고는 만족해서 잔다.

④ 계획을 제대로 실행해본 적이 없다

너무 빡빡하게 계획을 세우기 때문이다. 그래도 계획표에 적힌 노는 시간과 휴식 시간만큼은 정확하게 실행한다.

⑤ 항상 의미 있는 날을 계획 실행일로 잡는다

오늘이 10월 20일이면 실행 날짜는 대개 11월 1일이다. 시행하기 전까지의 10일 남짓은 워밍업 기간이므로 논다. 막상 11월 1일이 되면 계획을 잊어버린다. 11월 10일쯤 되어서야 기억하고는 다시 열심히 계획을 세워서 12월 1일부터 시작하겠다고 결심한

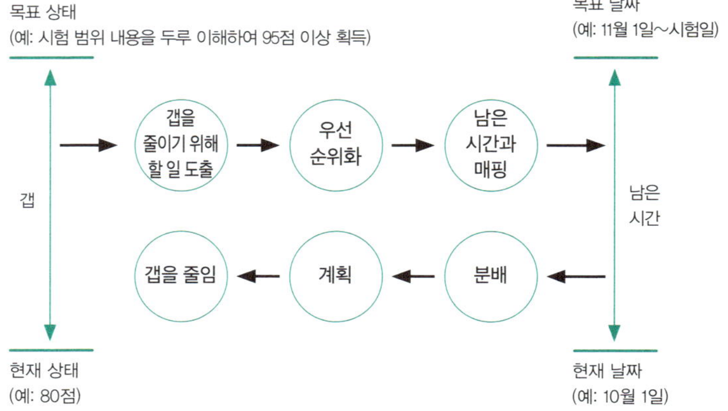

다. '지금부터 시작'이라고 절대 생각하지 않는다.

계획을 안 세우자니 목표 없이 공부하는 것 같고, 세우자니 실행이 잘 안되는 진퇴양난의 상황에서 어떻게 문제를 해결해야 할까? 문제 해결 방안을 도출하기 전에 왜 계획을 세우는가를 생각해보자. 사람이 계획을 세우는 이유는 주어진 시간이 한정되어 있기 때문이다. 달성해야 할 목표가 있으면 기한도 있다. 무제한의 시간을 주고 목표를 달성하라고 하면 계획이 필요 없다.

정해진 시간 안에 목표를 달성하기 위해서는 마구잡이식으로 접근하는 방식은 곤란하다. 주어진 시간을 적절하게 쪼개서 사용해야 한다. 또한 내가 지금 제대로 가고 있는지 점검할 수 있기 때문에 계획을 세운다. 계획이 없으면 내가 지금 제대로 가고 있는지 판단하기 어렵다. 제대로 가고 있어도 괜스레 불안하거나, 못

     진짜 공부 리스타트

가는데도 마음이 편할 수 있다.

계획은 계획을 수립하는 데 의미가 있는 것이 아니고, 계획을 통해 목적한 바를 달성하는 데 의미가 있다.

ABC 계획으로 물 샐 틈 없이 방어하라

의미 있는 계획을 세우기 위해서는 먼저 목표를 도출하고, 이에 따른 갭을 발견하고, 갭을 줄이기 위해 할 일을 나열하고 우선순위화하여 시간을 배분해야 한다.

+ 일반적인 3가지 형태의 계획

> A. 장기 목표 달성(입시 등)을 위한 거시적인 계획: 몇 개월~몇 년의 기한을 남겨놓은 상태 → 몇 개월 단위 계획 필요
>
> B. 단기 시험을 위한 계획: 2~3주를 남겨놓은 상태 → 매일 계획 필요
>
> C. 평상시 계획: 당장의 목표는 없지만 최종 목표 달성을 위해 꾸준히 수행해야 할 단기 목표 계획 → 일간, 주간 단위의 계획 필요

① 입시 장기전: A계획

A계획은 입시 등 장기 목표에 도달하기 위한 계획이다. 다음의 표와 같이 현재부터 해당 목표 시점까지 수립하되, 1년 이내는 조금 구체적으로 수립하고 1년 이후부터는 대략적으로 수립한다. A계획은 가장 쉬워 보이지만 실제로는 수립할 때 많은 생각이

필요한 중요한 계획이다. 이 계획은 한 번 수립한 후 계속 고정되는 것이 아니다. 의미 있는 시점별(1·2학기 시작, 방학 등 3~6개월 주기로)로 수정하여 재작성한다.

+ A계획: 목표 및 전략 정의

과목	현 수준	목표 수준	전략	주요 방안	주요 일정
국어	2등급	2등급(1년 말) 1등급(최종)	학기 중 매일 문제 풀이	B, C 문제집	1학년 1, 2학기
수학	4등급	3등급(1년 말) 2등급(최종)	방학마다 참고서 1권 독파 후 매일 문제 풀이	A교과서 완전 이해	1학년 1학기
				B참고서 2회 독파	1학년 여름방학
				C문제집 2회 독파	1학년 겨울방학
				D참고서 2회 독파	2~3학년
				E문제집 2회 독파	
영어	2등급	2등급(1년 말) 2등급(최종)	방학 중 문법책 독파 후 매일 꾸준히 독해	A문법책 2회 독파	1학년 겨울방학
				B문제집 2회 독파	1학년 1학기
사회	5등급	3등급(1년 말) 2등급(최종)	학기 중 교과서로 수업 완전 이해, 방학 중 복습	A교과서 완전 이해	1학년 1학기 중
				B참고서로 복습	1학년 여름방학
과학	5등급	4등급 (1년 말, 최종)	수능 포기, 내신만 대응	A교과서 완전 이해	1학년 2학기 중

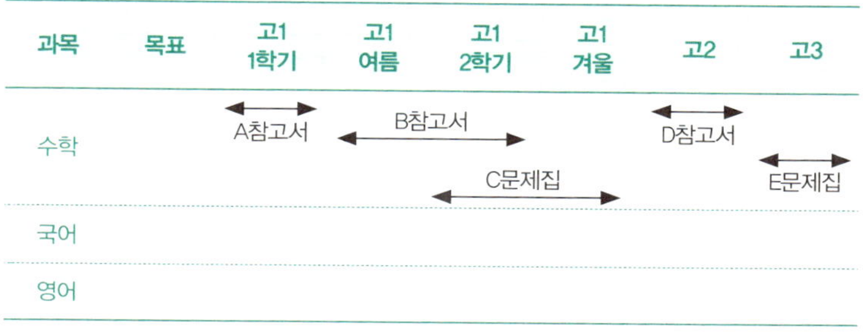

② 소규모 복병전: B계획

B계획은 목표가 아주 뚜렷하다.

시험일 전후는 비상 기간이다. 시험 전의 1주일 공부가 2개월 전의 공부보다 중요하다. 1년 열심히 공부했지만 시험을 앞둔 1주일간 공부하지 않은 학생보다 1년 놀았지만 시험 전에 1주일 공부한 학생이 훨씬 나은 성적을 거둔다는 점을 기억하자. 2주 전부터는 학원 등 모든 활동을 정지하고 시험 공부에만 몰두한다. 시험일까지는 매일 철저히 계획해야 한다.

B계획을 세울 때는 다음과 같은 점에 주의한다.

- 약간 여유 있는 계획을 세워라. 자신의 능력을 과대평가하여 계획을 세우는 경향이 있다. 결국 시험 범위도 제대로 숙지하지 못한 채 시험에 임하게 된다.

+ B계획: 목표 및 전략 정의

대상	목표	현재의 공부 상태	목표 달성을 위해 기본적으로 할 일	예상 소요 시간
국어		1장만 이해 완성	교과서 2장까지 참고서 정리 및 문제 풀이	4시간
수학	시험 전까지 범위 요약, 2회 검토 및 문제 풀이	시험 범위까지 이해 완성	교과서 3장까지 정리 및 문제 풀이 1회	8시간
영어		이해 불충분	교과서 2장까지 정리	3시간

+ B계획: 주요 일정 계획

					시험 기간		
	일	월	화	수	목	금	토
시험 일정					영어	국어	수학
공부 시간	8	4	4	4	8	8	8
공부 계획	영어(4) 수학(4)	수학	국어	영어	국어	수학	

- 계획을 세울 때는 분량을 정해라. 즉, 오늘 '물리를 1시간 공부한다'가 아니라 '물리를 1장까지 마친다'로 정하자. 시간은 별 의미가 없다. 범위와 분량 중심의 계획을 세우자.
- 나의 예상 시간과 실제 공부 시간의 차이를 기록한다. 이 작업이 숙달되면 계획 시간과 실행 시간을 거의 맞출 수 있다. 감이 생길 때까지는 기록하는 습관을 들여라.

 진짜 공부 리스타트

- 매일 여러 가지를 하지 마라. 하루에 한두 과목의 준비로도 충분하다.
- 전체를 2~3회 본다는 마음가짐으로 시험 보는 순서와 역순으로 시험을 준비한다. 첫 번째 볼 때는 내용을 완벽히 이해하고 요약해라. 두 번째 볼 때는 요약 내용을 중심으로 복습하고 문제를 풀어라.

③ 평상시 전투력 향상법: C계획

최상위권 학생과 그렇지 않은 학생의 차이가 가장 두드러지는 계획이 C계획이다. C계획은 보통 때의 공부 계획이다. 어떤 학생은 C계획을 세우라고 하면 24시간을 나눈 원형 계획표를 만든다. 하루 생활이 거의 일정하므로 하루 원형 계획표는 그다지 의미가 없다.

보통 때의 공부 계획은 다음과 같이 수립한다.

- 첫째, A계획과 연계해 수립하라. A계획은 폼으로 붙여놓은 게 아니다. A계획에서의 기간별 목표 수행이 C계획이다.
- 둘째, C계획의 달성 여부를 알 수 있도록 하나의 단계 목표를 만들어라. 월간 단위 정도의 목표면 된다. 목표는 만만하게 세워라. 언제든 분명히 기억할 수 있는 목표여야 한다. 기억하기 어려운 목표는 실행 또한 불가능하다.

- 셋째, 월간 단위 목표를 달성하기 위한 주간 단위의 목표를 정해라. 마찬가지로 무리하게 목표를 세우지 마라. 만만하게 세워라. 1주일 동안 스스로 공부할 수 있는 시간이 10시간뿐이라면 8시간 내에 할 정도면 충분하다. 어떠한 일이 있어도 주간 목표는 지켜라. 미진했다면 주말에 보충한다. 목표를 달성하면 매주 스스로에게 상을 줘라. 모처럼 하고 싶은 일을 해라. 매일의 계획도 마찬가지다. 오늘 어떤 교재로 어느 분량만큼 공부하겠다는 '범위 중심' '학습량 중심'의 계획이 핵심이다. 계획을 성취하면 하나씩 지워나간다. 몇 시간 공부하겠다는 '시간량 중심'의 계획은 큰 효과가 없다.
- 넷째, 지금부터 해라. '월요일부터' '다음 달 1일부터'라는 단어는 버려라.

계획을 세우면 공부하는 시간대를 정해 매일 일정 시간 스스로 공부하는 습관을 기른다.

체력이건 지력이건 실력 향상을 위해서는 매일 습관화된 연습이 필요하다. 하루에 10시간 운동하고 1주일을 쉬는 것보다 매일 1시간씩 운동하는 것이 훨씬 효과가 크다는 것은 과학적으로 증명된 사실이다. 하루에 몰아서 10시간을 운동해보라. 그다음 날 운동하기는 매우 어려울 것이다.

시험 기간을 제외하고는 하루에 무리하게 많은 양을 공부하는 건 의미가 없다. 효과가 당장 나타나지 않더라도 습관을 기르는 것이 중요하다. 단 30분이라도 매일 스스로 공부하는 시간을 반드시 가져라.

이 계획의 세부 실행은 이후 '공부 완전 정복 4개월 프로젝트' 장에서 제시된다.

제10전략
앞만 보지 마라. 뒤도 돌아보라

상위 10%의 학생들은 공부가 몸에 익고 습관화된 상태다. 목표를 정하고 공부하지만, 사실 목표가 없어도 크게 무리하지 않는 이상 공부를 잘한다. 곧게 뻗은 고속도로에서 가속 페달을 밟는 자동차와 유사하다.

이미 가속이 된 상태이므로 앞만 보고 지금처럼 가기만 하면 된다. 잠시 한눈팔아도 사고 날 위험이 적다. '내가 왜 공부를 해야 하지?' '공부가 왜 중요하지?' 등의 답을 찾기 위해 고민할 이유가 없다. 답을 찾지 않아도 이미 가속 상태이므로 관성적으로 답을 향해 가게 된다. 최소한 이 영역에서는 특별한 전략이 필요 없다. '하던 대로 하는 것'이 그들의 전략이다.

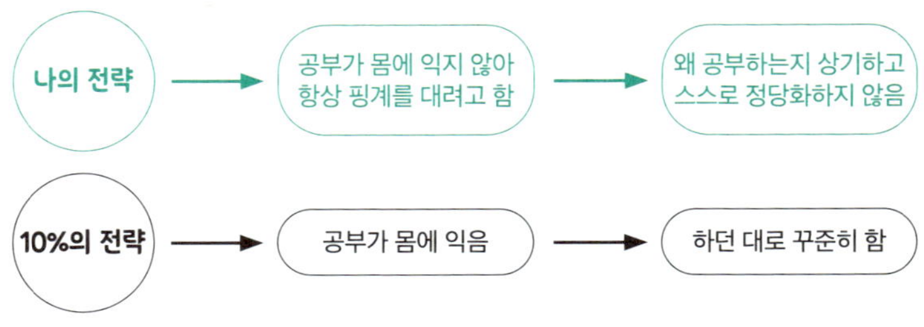

대다수의 학생들은 시동이 본격적으로 걸리지 않거나 저속으로 달리는 자동차와 같다. 소리는 시끄럽지만 본격적으로 가속이 붙지 않은 상태다. 아직도 구불구불한 길을 지난다.

공부 습관이 충분히 들지 않아 오랫동안 집중해서 공부하기가 쉽지 않고 시간을 투자해도 내용이 이해되지 않는다. 공부를 해보려고 마음먹어도 몸은 점점 피곤해지고 다시금 원상태로 돌아가고 싶은 유혹이 생긴다. 머리에 숨은 유혹자는 나에게 원상태로 돌아오라고 포기하라고 끊임없이 속삭이고 나는 마음의 짐을 덜기 위해 자꾸 정당화하려 한다.

대표적인 유혹은 다음과 같다.

- "공부 잘한다고 성공하는 건 아니야": 공부 잘한다고 반드시 성공하는 건 아니지만 성공할 확률이 매우 높아진다.
- "한국 교육에 문제가 많아. 지금의 주입식 교육 체계에서 이런 식의 공부는 합당하지 않아. 나에게는 미국식 교육이 더 잘 맞

진짜 공부 리스타트

아”: 한국식 교육에서 공부를 잘하면 대부분 미국식 교육에서
도 잘한다.

- “건강이 최고 아냐? 아무리 공부 잘해도 몸이 안 좋아서 일찍
죽는 경우가 많잖아?”: 공부를 열심히 한 학생들이 공부를 안
한 학생들보다 건강이 나쁘다는 과학적 통계는 없다.

- “공부 잘하는 아이들은 참 이기적이야. 자기만 알고 부모를 멸
시해”: 공부 못하는 학생들이 더 이타적이고 부모를 공경한다
는 과학적 통계도 없다.

- “내신 관리는 못해도 수능만 잘 보면 되잖아”: 내신 관리를 못
하면서 수능만 잘 보는 비율은 극히 드물다는 통계가 있다.

- “고1, 2 때 열심히 할 필요 없어. 고3 때만 열심히 하면 돼. 얼
마 전에 그런 학생이 쓴 책도 읽었어”: 고1, 2 때 놀다가 고3
때 열심히 해서 성공하는 사람이 희귀하기에 책을 쓰는 것
이다.

- “내가 공부 못하는 건 죄다 엄마 탓이고 아빠 탓이야. 대치동
에 있는 학원도 못 다니고, 부모님이 머리가 안 좋으니 내 머
리도 나쁘고, 공부할 분위기도 아니고…”: 더 열악한 환경에서
수석을 한 학생들도 있다.

‘WHY?’로 공부에 대한 동기를 부여하라

‘하던 대로 하는’ 전략은 여기서는 먹히지 않는다. 다른 전략을

선택해야 한다. 왜 공부하는지를 자주 상기하자. 나름대로 결심하고 노력하는 중이라면 내가 무엇 때문에 여기까지 왔는지를 돌아보자. 목표가 눈에 보여서 포기하지 않는 경우도 있지만 지금까지 걸어온 길이 아까워서 포기하지 않을 수도 있다. 왜 공부를 하려고 결심했는가? 다시금 생각해보라.

- 좋은 대학 가서 돈을 많이 벌기 위해서
- 인생에서 시험이란 큰 역경을 극복하고 내 의지를 시험하기 위해서
- 집안이 어려워 현재의 가난을 탈피하기 위해서
- 공부 못한다고 무시당하기 싫어서
- 현재보다 더 나은 삶을 선택하기 위해서
- 소외받는 가난한 사람들을 도와주기 위해서
- 컴퓨터 프로그래머, 건축가, 미술가, 음악가, 교사가 되기 위해서

어떤 이유든 좋다. 공부하는 동기가 있어야 하고, 동기는 수시로 반추해야 한다. 오기가 필요하다. 자존심이 필요하다. 인정받고 싶어서, 무시당하기 싫어서 공부하는 것이 자신에게 가장 현실적인 동기가 될 수 있다.

동기를 유지하는 좋은 방법 중 하나가 롤모델이 될 만한 사람의

전기나 책을 자주 읽어서 내가 왜 공부하고 노력해야 하는지 상기하는 것이다. 나에게 자신감과 믿음을 주는 말씀을 지속적으로 읽고 듣는다. 신앙 활동도 큰 도움이 될 수 있다.

인간의 한계는 인간이 만든다

역도에 재미있는 법칙이 있다. 자신의 최고 기록이 100kg인 역도 선수가 어쩌다가 그 이상을 들면, 그다음부터는 100kg 이상의 중량을 어렵지 않게 든다고 한다. '왜 이 무게를 예전에는 못 들었을까?' 의아해하면서 말이다.

다른 종목도 마찬가지다. 과거에는 육상 선수들이 100m를 10초 이내로 달리는 건 불가능하다고 여겼다. 10초 벽을 깨는 데 무려 48년이나 걸렸다. 재미있는 것은 독일의 한 선수가 최초로 10초 벽을 깨자 그 다음부터는 많은 선수가 10초 벽을 깨더라는 것이다.

대다수의 사람에게는 한계로 생각하는 선이 있다. 아무리 해도 이 정도밖에 할 수 없다고 선을 긋는다. 한계선을 우연히 넘어서거나 자신과 비슷한 수준의 사람이 한계선을 넘으면 그 선은 더는 한계가 아니다.

자신이 생각하는 한계의 벽은 능력의 한계가 아니라 '심리적 벽'일 가능성이 높다.

이제 계획하고 실행하는 일만 남았다. 당장 무엇부터 어떻게 시작할 것인가? 본격적인 실행에 들어가기 전에 먼저 실행의 원칙을 제시하겠다. 원칙을 정하지 않으면 공부에 크게 도움을 주지 못하는 수많은 실행만 나열할 위험이 있기 때문이다.

실행 원칙 1. 스스로

누군가가 나를 위해 무언가를 대신해주면 잠시 동안은 편하겠지만 후에 문제가 생긴다.

첫째, 스스로 결정함으로써 얻는 '자율의 즐거움'을 빼앗긴다. 사람은 똑같은 일이라도 누가 시켜서 할 때보다 스스로 할 때 즐거움을 누리는 법이다. 남이 시켜서 하면 내가 잘해도 그 공적은

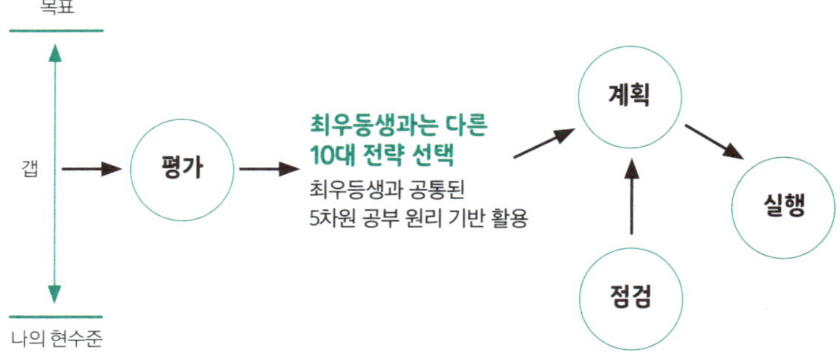

시킨 사람에게 돌아간다. 스스로 하면 그 공적이 온전히 자신에게 돌아가므로 성취감이 배가 되고 즐거움이 커진다.

둘째, 자립 능력을 앗아간다. 부모가 나를 위해 공부 목표도 정해주고, 공부 계획도 짜주고, 숙제도 해주고, 학원도 예약해주는 등 모든 것을 대신해줄 순 있다. 그러나 평생 해줄 수는 없는 노릇이다. 부모가 모두 알아서 해주면 자기 스스로 할 수 있는 능력을 키우지 못한다. 신체의 모든 기관은 사용하지 않으면 퇴화한다. 자율성도 내가 사용하지 않으면 퇴화한다. 나중에 사용하려 해도 마음대로 되지 않는다. 평생을 내다보고 공부는 스스로 하자. 물론 스스로 할 수 있도록 정착하기까지는 부모나 선생님의 도움이 필요하다. 누군가가 나 대신 해주는 건 바람직하지 못하다.

실행 원칙 2. 꾸준히

실행 원칙의 핵심이다. '습관화'라고도 할 수 있다.

진짜 공부 리스타트

공부는 꾸준히 해야 습관화된다. 운동과 마찬가지 원리다. 하루 30분씩 1주일간 운동한다고 가정해보자. 총 3.5시간을 운동한 셈이다. 하루 3.5시간 운동하고 6일을 쉴 때와 매일 30분씩 1주일간 운동할 때를 비교하면 어느 쪽이 효과가 크겠는가? 똑같은 시간을 투자해도 후자가 전자보다 몇 배의 효과가 있다는 것이 정설이다.

시험 바로 직전을 제외하고는 공부도 동일하다. 매일 조금씩 꾸준히 하는 것이 하루에 1주일 분량을 몰아서 하는 것보다 훨씬 낫다. 특히 국어, 영어, 수학 과목은 꾸준히 하지 않으면 진보가 없다. 하루라도 책을 읽지 않으면 허전할 정도가 되어야 한다. 이 정도로 습관화가 되어야 공부를 잘할 수 있는 기반을 갖췄다고 할 수 있다.

실행 원칙 3. 집중하기

매일 꾸준히 책상 앞에 앉아 있을 수 있다면 허들 하나를 넘은 것이다. 또 넘어야 할 허들이 있다. '집중'이다.

집중은 1시간을 10시간이 되게 하는 마력을 지니고 있다. 역으로 말해 집중하지 않으면 10시간이 1시간이 될 수 있다. 똑같이 책상에 앉아 똑같은 시간을 투자해도 학생에 따라 100배의 차이가 나는 이유이기도 하다. 스스로 꾸준히 하면서 집중해야 그 효과가 극대화된다.

실행 원칙 4. 전체를 이해한 뒤 부분을 보며 핵심 파악하기

부분을 완벽하게 이해하는 데 시간을 낭비하지 말고, 전체를 이해하고 부분을 보자. 핵심과 비핵심이 섞여 있는 수많은 내용 중 핵심을 찾는 일이 실행의 중점 원칙이다.

실행 원칙 5. 목표를 짧게 두어 하나씩 달성해가기

가까운 시기에 성적이 향상되도록 실행해야 한다. 대다수는 기초가 부족한 상태다. 기초를 보강하기 위해 몇 년 전에 배운 내용부터 다시 시작하기에는 너무 늦다. 현시점에서 출발하되 과거의 미진한 내용을 틈틈이 보완해야 한다. 이를 통해 단기간 개선을 도모해야 한다. 시험 성적을 올리려면 시험 기법을 숙달해야 한다.

이러한 원칙들에 기반하여 이제 구체적인 실행 단계로 들어가 보자.

1단계
선포와 계약 : 계약서 작성하기

이제부터 내 말을 믿고 따라오기 바란다. 이 관문을 통과하면 희망이 실현될 것이다.

일요일 저녁부터 실행하는 것으로 출발한다. 만일 오늘이 목요일이라면 일요일 저녁까지는 마음껏 놀아도 좋다. 그 대신 일요일 저녁부터 앞으로 1개월간 나와 한 약속을 지켜야 한다.

첫 단계는 나와 계약하는 것이다.

+ 계약서

앞으로 본인 ○○○은 공부를 제대로 해볼 것을 결심합니다. 이에 나의 자존심을 걸고 앞으로 다음과 같이 행동할 것을 서약합니다.

- 공부할 때는 스마트폰을 꺼둔다.
- 누워서 공부하지 않는다.
- 게임을 하지 않는다.
- 이성 친구 사귀는 것을 미룬다.
- 어떤 수업이든 내가 자리를 선택할 수 있다면 항상 맨 앞자리에 앉는다.
- 공부할 때는 악착같이 집중한다.
- 스트레스가 쌓이거나 힘들 때마다 항상 '나는 할 수 있다. 나는 똑똑해'라고 외친다.
- 신 박사님이 실행하라는 그대로 실행한다.
- 포기하고 싶은 마음은 악마의 유혹이라 여기고 이를 강하게 뿌리친다.

1개월간 성공할 경우 자축한다.

○○○○년 ○○월 ○○일   이름: ○○○

앞으로 자주 결심을 하겠지만, 특히 첫출발에는 큰 결심이 필요하다. 지금까지 수도 없이 결심하고, 실패도 맛보았을 것이다. 다시금 마음을 새롭게 먹고 계약을 하자. 다음 계약서에 서명할 수 없다면 더 이상 이 책을 읽을 필요가 없다. 지금까지 지내던 대로 살아라. 현재의 상태에서 벗어나지 못할 것이다.

일단 해보겠노라고 마음을 먹었다면, 계약서에 서명하자. 그리고 책상 위에 붙여놓아라.

2단계
습관화 : 일기 + 수업 집중 훈련 + 일일 점검표

계약서에 따라 공부할 수 있는 환경을 만들었는가? 실행은 한순간이다. 이제부터는 한순간이 아니라, 1개월간 매일 꾸준히 실행해야 할 3가지 과제를 내겠다. '공부 일기'와 '수업 집중 훈련' 그리고 '일일 점검표'다.

공부 일기는 계획성 있게 공부하도록 도와주는 훌륭한 도구다. 매일 계획표를 만들지 않아도 머릿속에 이미 계획이 서 있어서 훌륭하게 완수하는 학생은 드물다. 대다수는 계획대로 실행하는 데 익숙하지 않다. 몰아서 공부하며 평소에는 아무것도 하지 않는다.

공부 분량을 정하거나 시간을 예측하기도 어렵다.

공부를 잘하는 학생은 벼락치기도 잘한다. 시험 전에 벼락치기를 해서 다룰 수 있는 분량이 어느 정도인지 그간의 경험으로 알고 있기 때문이다. 보통 수준의 학생은 벼락치기도 잘 못해서 시험 내용을 제대로 보지 못한 채 시험장에 들어선다.

공부 일기는 계획대로 실행하게 도와주는 핵심적인 무기다. 초등학생 때부터 훈련해 습관화하면 아주 좋다.

시중에 나온 몇몇 책들은 학습 플래너를 공부 기술의 핵심으로 제시한다. 공부 일기는 학습 플래너가 아니다. 시간별 계획을 세우는 복잡한 형태의 학습 플래너를 지속적으로 쓸 수 있는 꼼꼼함과 의지가 있다면, 원래 공부를 잘하는 학생일 가능성이 크다. 학습 플래너를 기록하는 일은 독한 정신의 소유자가 아닌 이상 1주일을 넘기 어렵다.

1개월 차 실행하기

이에 나는 '10줄 공부 일기'를 제안한다.

① '10줄 공부 일기' 작성

자, 이제 노트를 하나 준비해보자. 학습 플래너와 같은 복잡한 수첩이나 다이어리는 사지 말자. 평범한 노트를 준비하고 노트 제목에 '공부 일기'라고 써서 붙인다. 다음과 같은 방식으로 매일 일기를 써보자.

10줄 정도만 써라. 절대 10줄을 넘기지 마라. 학교나 학원에서 돌아와 책상에 앉으면 그날의 공부 계획과 목표를 적는다. 2~4줄이면 충분하다.

'공부 시간'은 스스로 책상에 앉아서 공부하려는 시간만 해당

+ 공부 일기 예

계획

① 오늘의 공부 목표

· 학교에서 배운 물리 범위 복습

· 수학 1장 공부

② 공부 시간: 오후 10시~12시

실행

① 실행 내용: 물리는 모두 복습, 수학은 1장의 반밖에 못함

② 계획대로 안 된 경우 그 이유: 수학 1장이 생각보다 많음

③ 실제 공부 시간: 오후 10시~11시 30분

한 줄 요약

· 물리: 뉴턴 제1법칙에 대한 이해

· 수학: 인수분해의 원리 이해

느낀 점

공부 목표를 달성하기에는 시간이 부족했음

　　진짜 공부 리스타트

된다. 학원이나 학교에서의 공부 시간은 포함되지 않는다. 30분도 괜찮으니 욕심을 내지 마라. 할 수 있을 정도의 시간만 잡자.

평일 공부 목표의 우선순위는 숙제, 복습 순이다.

공부를 다 마친 후에는 실행, 한 줄 요약, 느낀 점을 기록한다. '실행' 칸에는 실행한 결과, 계획대로 안 되었을 경우의 이유, 실제 공부 시간을 기록한다. '한 줄 요약' 칸에는 공부한 내용을 과목별로 1줄씩 기록한다. '느낀 점'에는 하루 공부하면서 느낀 내용을 기록한다. 모두 5~7줄이면 충분하다.

일기를 쓸 때의 원칙은 다음과 같다.

- 매일 쓴다. 하루도 빠져서는 안 된다. 초기에는 10줄 쓰기도 지겹게 느껴진다. 지겨워도 써야 한다. 1개월 써보자.
- 동일한 시간, 동일한 장소를 택하라. 집이라면 매일 집에서, 독서실이라면 매일 독서실에서 공부하는 편이 좋다.
- 자신이 세운 계획대로 실행하고 있는지, 계획대로 되지 않았다면 이유가 무엇인지 확인해보라.

1주일간 썼다면 50%는 성공한 셈이다. 1개월간 계속 쓴다면 90%는 성공한 것이다.

② 수업 집중 훈련

두 번째 실행은 수업 시간에 집중하도록 돕는 과제다.

수업을 들을 때 집중하기 어려운 이유는 학습자가 수동적 환경에 놓이기 때문이다. 수업을 듣는 동안 멍한 상태가 되면 집중하기 어렵다. 수동적 환경을 능동적 환경으로 바꾸어야 한다. 즉, 자기 자신도 반응하고 활동하도록 변화를 주어야 한다. 능동적 수업 환경으로 만드는 가장 좋은 방법은 집중하여 필기하는 것이다.

수업 시간의 필기 기법은 3단계로 나눌 수 있다. '단순 필기'가 1단계다. 선생님이 불러주시거나 칠판에 기록하는 그대로 필기하는 방법이다. 2단계가 '강조 필기'다. 그대로 필기하되 중요 부분에 밑줄을 긋고 표시하며 핵심 단어를 파악한다. 수업을 들으면서 동시에 요약하고 구조화하여 필기하는 '요약 필기'가 마지막 3단계다.

단순 필기는 생각 없이 기계적으로 할 수 있기 때문에 집중력이 떨어진다. '강조 필기'나 '요약 필기'는 두뇌를 써야 하므로 집중력을 높이는 데 도움이 된다. 강조 필기는 이미 실행하고 있는 학생들이 적지 않다. 실행을 하고 있다면 지속하고 그렇지 않다면 실행하라.

수업 시간 필기 방법이다.

• 수업 시간에는 평소의 방식대로 필기하라. 선생님이 쓰는 대

 진짜 공부 리스타트

로 받아 적는 학생이 있는가 하면 요약하면서 밑줄을 긋고 받아 적는 학생도 있다. 어떤 방법이든 상관없다. 그 대신 1~2가지만 더 실행하라.

- 우선 형광펜이나 빨간색 펜으로 각 목차에 줄을 치자. 선생님이 중요하다고 몇 번 강조하는 부분은 별도로 기록하고 줄을 친 다음 ⓥ이라 표시하고, 시험에 나온다고 말씀한 부분은 ⓢ라고 기록해라. 듣다가 이해가 잘 안되는 부분에는 ⑦ 표시를 한다. 스스로 중요한 부분이라고 생각하면 내용을 추가하고 글상자로 표시하거나 밑줄을 그어라.

- 노트 맨 아래에서부터 약 3칸 위에 줄을 길게 긋는다. 그리고 Summary와 Keyword라고 써라. Summary에는 노트한 페이지마다 핵심 내용을 1~2줄로 간략히 요약한다. Keyword에는 그 페이지의 핵심 단어 1~2개를 기록한다.

- 노트를 1장씩 넘길 때마다 반드시 실행해야 할 방법이다. 나중에 하겠다고 미루지 마라. 복잡하게도 하지 말자. 오래 지속되지 못한다.

하나 더 말하자면 만일 수업 시간에 선생님의 말씀이나 필기를 노트에 그대로 받아 적다가 이해 못하고 넘어가는 경우가 많다면 지금까지의 노트 필기 방식을 버려라. 그대로 받아 적지 말고 선생님의 말씀을 이해하는 데 힘쓰고 중요한 내용만 간략하게 요약

필기의 단계

1단계: 단순 필기　→　2단계: 강조 필기　→　3단계: 요약 필기

- 평소 하던 그대로 하되
- 선, 글상자, 화살표로 요약하면서 필기(숙달될 때까지는 가볍게!!)
- 목차는 형광펜으로 표시
- 중요해서 강조할 사항은 줄을 치고 ⓒ 표시
- 시험에 나오는 것은 ⓢ 표시
- 이해가 잘 안되는 것은 ⑦ 표시

수업 요약 과제

- 노트 각 페이지 아래 3칸 위에 줄을 긋고 Summary ⓒ, Keyword ⓒ이라고 기록
- Summary에는 그 페이지의 핵심 내용을 1~2줄로 요약 ⓢ
- Keyword는 그 페이지의 핵심 단어를 1~2개 기록

Summary: 수업 시간에는 단순히 필기만 하지 말고, 가능한 핵심을 강조하며 필기하되 더 나아가서는 요약하며 필기함

Keyword: 요약 필기, 핵심 단어

하여 노트에 기록하자. 나중에 친구에게 노트를 빌려서 내용을 보충하면 된다. 수업 시간에는 내용을 이해하는 게 더 중요하다.

　수업은 받아쓰기가 아니다. 선생님의 말씀 중 1~2가지에 집착하느라 진도를 따라가지 못하는 학생이 있다. 이때는 이해가 되지

않는 부분에 간략히 표시만 하고 넘어가라. 나중에 이해하면 된다. 수업 시간에는 전체 내용과 혼자 공부할 때 이해하기 어려운 부분을 이해하는 데 초점을 두자.

③ '일일 점검표' 작성 요령

다음과 같이 1개월 치의 표를 작성한 다음 출력하여 책상 위에 붙여놓고(반드시 눈에 띄는 곳에 붙인다) 매일 표시하라. 계약서 이행, 공부 일기, 수업 요약 등 3가지 항목을 가지고 1개월간 일일 점검표를 기록한다.

+ 일일 점검표 예

일차	날짜	요일	계약서 이행	공부 일기	수업 요약
1	3월 1일	월	○	○	○
2	3월 2일	화	○	○	○
3	3월 3일	수	○	○	○
4	3월 4일	목			
5	3월 5일	금			
6	3월 6일	토			
7	3월 7일	일			
⋮					
31	3월 31일	수			

<h1 style="text-align:center">3단계
집중화: 2단계로 요약하기</h1>

1단계와 2단계를 성공했는가? 축하한다! 이제 성공의 대열에 들어설 가능성이 50%가 넘었다. 1개월 동안이나 스스로 계획을 짜고 스스로 공부한 것이다. 수업 시간에 능동적으로 무언가 해보았다. 이 얼마나 엄청난 결과인가!

누군가 하루에 몇 시간을 공부하라고 지시해서 한 일이 아니다. 수학, 물리 공부를 하라고 강요하지도 않았다. 1시간 동안 얼마만큼의 분량을 공부해야 적절한지 제시하지도 않았다. 수업 시간에 자신이 요약한 내용이 맞는지 틀리는지 아무도 판단하지 않았다. 모두 자기 스스로 결정해 수행했다.

분명한 사실은 30분이든, 2시간이든 여하튼 책상에 앉아 있었다는 점이다. 무엇을 했는지는 나도 모른다. 1시간을 앉아서 30분간 줄곧 스마트폰만 들여다봤을지도 모른다. 눈은 책을 보고 있지만 머리는 지구를 12번 돌았을지도 모른다. 괜찮다. 나를 믿기 바란다.

이 단계까지만 해도 성적이 오르는 학생들이 있다. 혹 오르지 않았다고 해도 실망할 단계는 아니다. 책상에 가만히 앉아 있는다고 성적이 오르는 건 아니다. 반면 책상에 가만히 앉아 있지 않고서는 절대 성적이 오르지 않는다. 일단 필요 조건은 충족된 셈이다.

이제 무엇이 필요한가? 바로 '집중'이다.

집중 방해 요소 제거하기

본격적으로 2개월 차 실행에 들어가기 전에 집중을 방해하는 요소를 체크하며 다음 질문에 답해보자.

그동안 공부할 때 집중을 방해한 3가지는 무엇이었는가? 스마트폰, 졸음, 잡생각, 친구…. 3가지를 적어보자. 없다면 이 단계를 뛰어넘어도 된다. 3가지를 적었으면 다음 질문으로 넘어간다.

3가지 문제를 어떻게 해결할 것인가? 구체적인 실천 방안을 기록하고 실행하라. 혼자서는 통제 불가능한 해결책이라면 어쩔 수 없다. 예를 들어 잡생각은 혼자만의 결심으로 해결하기는 어렵다. 그러나 문제 속에는 스스로 통제할 수 있는 방안이 분명히 있다. 스마트폰 SNS가 1시간 내내 자신을 괴롭힌다면 공부 시간에는 스마트폰을 꺼놓는다. 결심만 하면 할 수 있는 일이다.

3가지 문제를 해결할 마음의 자세가 되어 있지 않다면 다음 단계로 넘어가지 마라. 이런 상태에서는 무엇을 해도 집중하기 어렵다.

집중에 이르는 필살기, '요약'

3가지 방해 요소를 해결했으면 다음 단계로 넘어가자. 핵심 중의 핵심 단계다. 잡생각이 많아서 공부하기 어렵거나 집중이 잘 안될 때의 해결책이 이 단계에 있다. 바로 '요약'이다.

공부를 잘하지 못하는 학생들의 공통적인 취약점 중에서 가장 치명적인 것이 요약을 잘하지 못한다는 점이다. 요약을 어떻게 하는지만 봐도 단번에 학생의 수준을 파악할 수 있다.

요약에는 엄청난 힘이 있다. 요약의 실행은 여러 면에서 강력한 도움을 준다.

첫째, 요약은 집중하게 도와준다. 공부할 때 집중하기 위해서는 자기 자신도 반응하고 활동하도록 변화를 줘야 한다. 가장 좋은 방법이 요약 정리다. 요약 정리는 두뇌를 써야 하므로 집중력을 높이는 데 도움이 된다.

둘째, 요약은 전체 내용을 잘 파악할 수 있게 한다. 중요한 공부 방법 중 하나가 전체를 보고 세부 사항을 보는 것이라고 이미 설명했다. 요약을 하면 할수록 큰 그림이 잘 보인다. 책 1권을 1쪽으로 요약하거나 시험 범위의 내용을 1쪽으로 잘 요약하면 전체 구조가 확실히 정리된다.

셋째, 요약은 쉽게 암기할 수 있도록 돕는다. 요약하면 많은 내용을 재빨리 머릿속에 집어넣을 수 있다. 암기력이 딸리는 건 머리 탓이 아니다. 암기 대상 지식들이 연결되지 않기 때문이다. 암기 대상 지식들을 논리적으로 연결하고 분류해야 암기가 쉬워진다. 요약은 이러한 과정을 도와준다. 요약을 통해서 논리적인 연관성을 도출할 수 있고, 주요 내용을 분류할 수 있다.

2개월 차 실행하기

이 과제는 30분이건 1시간이건 스스로 공부하겠다고 마음먹었을 때 수행하는 과제다. 다음과 같은 순서대로 실행한다. 이때 중요한 건 2번에 걸쳐(엄밀하게는 3번) 요약하는 것이다. 첫 번째 요약은 본격적으로 내용을 공부하기 전에 실행하고, 두 번째 요약은 내용을 공부하면서 실행한다.

과목별 요약 노트 준비하기

먼저 과목별 요약 노트를 준비한다. 가능한 한 깔끔하고 두꺼운 노트가 좋다. (컴퓨터나 스마트폰에 기록하기보다 손으로 직접 쓰는 것이 좋다.) 이때 중요한 것은 과목별로 1권만 준비하고, 1권에 모든 요약 내용을 다 모은다. 한 과목에 요약 노트를 2~3권 만들지 말자. 몇 권의 책을 보고 몇 권의 문제집을 풀더라도 요약은 노트 1권에만 하라. 요약 노트에는 모든 내용이 들어 있어야 한다. 자신이 공부한 모든 내용을 요약 노트에 정리한다.

단, 한 과목이라도 성격과 특성이 다른 내용인 경우에는 요약 노트를 나눌 수 있다. 예를 들어 영어 문법책과 영어 독해책은 각각 만든다. 그러나 3권의 문법책을 본다면 1권의 노트만 만든다.

1단계 요약 실행: 전체를 1쪽으로 요약하기

1단계 요약은 공부하려는 범위 전체의 내용을 약 5분간 2분의 1쪽 이내로 요약하는 방법이다. (처음에는 이 짧은 시간에 해내기 어려울 것이다.) 1단계 요약의 세부 실행 방법은 다음과 같다. 만일 오늘 1시간 동안 한국사 교과서 1~3장을 공부하려고 마음먹었다고 해보자. 본격적으로 공부하기 전에 1~3장의 내용을 2분의 1쪽 이내로 요약한다.

혹시 이런 의문이 드는가? "선생님! 요약은 공부가 다 끝난 후에 하는 것 아닌가요? 아직 공부를 시작하지도 않았는데 어떻게 요약부터 먼저 할 수 있어요?" 타당한 질문이다. 공부도 시작하지 않은 상태에서 요약부터 하라는 말이 잘 이해되지 않을 것이다. 그럼에도 불구하고 여러분은 할 수 있고 또한 해야 한다.

- 먼저 1~3장까지 책을 부담 없이 대충 넘겨본다. 목차와 소제목은 조금 주의 깊게 보라.
- 목차, 소제목, 각 장의 개요를 중심으로 전체 내용을 요약해보

　진짜 공부 리스타트

라. 그림을 그릴 때 대략적으로 스케치하는 것과 유사하다. 얼굴을 그리고자 한다면 얼굴 윤곽을 그리는 것이다. 눈, 코, 입은 그리지 않아도 된다.

· 전체 내용을 간략히 요약하려면 큰 제목들 간의 연결 논리를 파악하는 일이 중요하다. 요약에는 긴 문장이 불필요하다. 핵심 단어를 글상자를 넣거나 화살표 등으로 잇는다.

1장 보수주의, 2장 자유주의, 3장 혼합주의를 공부한다고 가정하자. 이 3개 장의 연결 관계를 먼저 생각해본다. "처음에는 보수적인 이론이 득세했고 이에 반발하여 자유주의 이론이 나타났다. 이후 각 이론의 장점을 섞은 혼합주의 이론이 나타났다. 그러므로 이 책은 1장은 보수, 2장은 자유, 3장은 혼합으로 구성되고 연결되는구나!" 이와 같은 방식으로 각 장의 논리적 스토리를 이해하고 간단하게 요약한다.

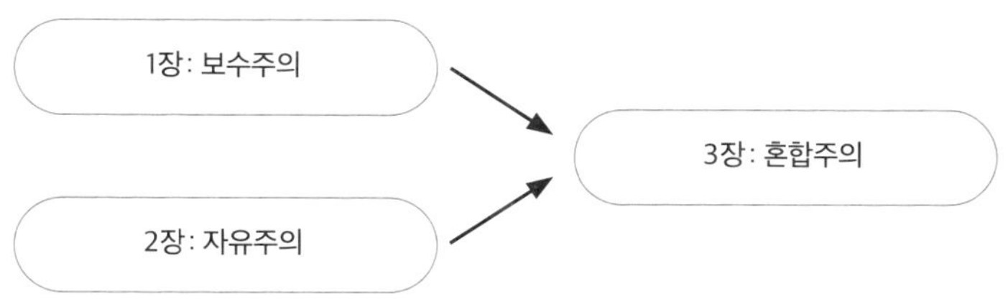

누군가 이 책의 내용을 정리해보라고 하면 "이 책은 처음에는 보

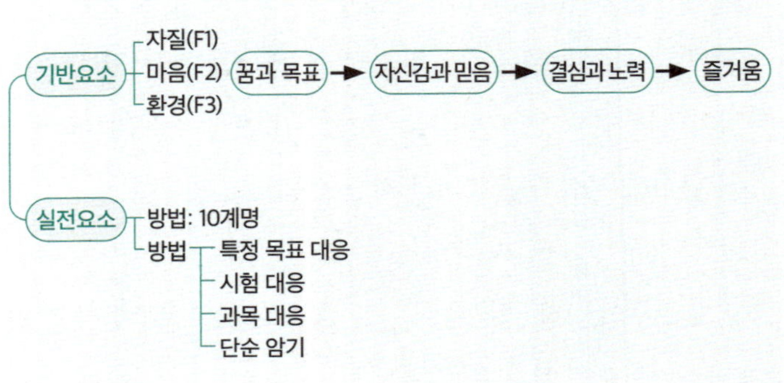

+ 1단계 요약 방법

- 요약 정리는 항상 명사를 사용하거나 문장이 명사형으로 끝나도록 작성한다. (예: 정의함.)
- 내용 전체의 구조를 분류선을 사용하여 분류하고 이미지화해 정리한다. (예: 공부 프레임워크를 선으로 분류해 기반·실전 요소로 나누고, 기반요소는 자질·마음·환경으로 나뉜다는 것을 명확히 보여주었다.)
- 논리적 전후의 흐름은 화살표를 사용한다. (예: 마음은 '꿈과 목표' 이후 '자신감과 믿음' '결심과 노력' '즐거움'의 단계로 진행되었다.)
- 강조하거나 관계를 명확하게 정리할 명사는 원·네모 글상자를 사용한다. (예: 기반요소, 실전요소, 꿈과 목표 등에 글상자와 원을 사용했다.)
- 전체 구조에서 각 장이 어디에 해당하는지를 명시한다. (예: 자질(F1), 마음(F2)… 식으로 전체 구조 중 자신이 공부한 F1~F5장이 각각 어디에 해당하는지 표시하였다.)

수주의 이론을 다루고, 그다음에는 이에 반발하여 대두한 자유주의 이론을 설명하며, 이후 두 이론의 장점을 복합한 혼합주의 이론이 나옵니다" 하고 자신 있게 말할 수 있다. 자신이 공부한 내용을 이렇게 요약할 수 있다면 공부의 50%는 성공한 셈이다.

'1단계 요약의 예'를 참고하자. 예시문보다 짧아도 좋다. 예시문보다 좀 더 복잡한 방법이나 마인드맵 등의 특별한 기법을 적용할 필요도 없고 적용하지도 마라. 분류화, 화살표, 원·네모 글상자, 형광펜 강조 등 내가 제시한 몇 가지 기법만으로도 충분하니 절대 복잡하게 하지 말자. 한번에 숙달되긴 힘들 것이다. 걱정하지 마라. 매일 10분씩만 훈련해도 엄청나게 진보할 것이다.

2단계. 요약 실행: 공부 범위를 1~2쪽으로 요약하기

2단계는 1단계보다 훨씬 쉽다. 평소의 방식대로 공부하되 요약 정리를 병행한다. 1단계 요약이 얼굴의 윤곽 그리기라면 2단계 요약은 눈과 코, 입, 머리카락 그리기다.

요약 분량에 신경 쓰자. 너무 적어도 안 되고, 너무 많아도 안 된다. 특히 양이 많아지지 않도록 주의해야 한다. 공부 범위의 내용을 1~2쪽 이내로 요약한다. 1~2시간 분량이라도 1~2쪽으로 요약하라. 눈과 코, 입, 머리카락을 그리되 세부적으로 잘 그릴 필요가 없다. 제한된 시간에 세심하게 잘 그리려고 애쓰면 입과 코는 남겨둔 채 눈만 그리다가 끝날 수 있다.

1단계: 꿈과 목표

① 꿈과 목표를 가져야 하는 이유

- 성취감과 즐거움의 근원: 꿈을 꾸고, 꿈을 이루기 위해 <u>스스로 목표를 정하고</u>, 그 목표를 바라보고 걸어갈 때 생김
- 공부를 해야 하는 이유: 더 나은 삶을 찾고, 진정으로 하고 싶은 일을 자유롭게 하기 위함!

③ 실행 방안

- 목표 설정: 무엇이 될 것인가?(장기 목표), 어떤 대학에 갈 것인가?(단기 목표)
- 목표를 기록하여 벽에 붙임
- 매일 반복해서 읽음
- 목표가 이루어진 이후의 모습을 상상함
- 목표를 여러 사람들에게 이야기함

+ 2단계 요약 방법

- 목차를 모두 기록한다: 대·중·소 등 내용을 분류한 목차의 흐름을 정리하는 게 가장 중요하다. 목차는 반드시 형광펜으로 강조하라.
- 번호로 분류하여 공부 내용을 한눈에 파악할 수 있게 한다.
- 1단계 요약법과 동일하게 원·네모 글상자, 화살표를 사용하여 논리의 흐름을 이미지화한다.
- 중요한 부분은 밑줄을 긋는다.
- 세세한 사항은 기록하지 않는다.

2단계 요약에서는 얼굴 구성 요소를 보고 대략 누구의 얼굴인지 감을 잡자. 아주 지엽적인 단어들을 나열하지 않도록 주의한다.

다시 말하거니와 공부의 생명은 요약이라 해도 과언이 아니다. 요약을 안 하는 학생은 거의 없지만, 요약을 잘하는 학생은 의외로 적다. 요약은 공부하고자 하는 내용의 구조와 큰 그림을 정리하는 방법이다. 전체 내용을 분류해서 논리적인 전개를 머릿속에 심는 것이 초점이다.

요약하면 머릿속에 넣기가 수월하다. 저절로 외워진다는 말은 아니다. 요약 내용으로 몇 차례 복습하고, 필요하면 단순 암기도 해야 한다. 요약이 잘되어 있을수록 머릿속에 넣기가 훨씬 쉽다.

이때 주의할 점은 요약은 '스스로' 해야 한다는 것이다. 대한민국 1등 학생의 요약 노트로 공부한다 해도 약간의 도움은 될지 몰라도 진정한 도움은 되지 않는다. 스스로 작성한 요약 노트가 머릿속에 가장 잘 들어온다. 왜냐하면 요약 과정을 스스로 체험했기 때문이다.

자기 노트에 친숙한 이유도 있다. 스스로 자꾸 요약해봐야 실력이 점차 상승한다. 그림을 못 그린다고 해서 전문 화가가 대신 그려준 그림을 자신이 손수 그린 것처럼 해봐야 아무런 도움이 안된다. 누구든지 처음에는 서툴러도 제대로 된 방법을 배우고 익히면 잘하는 법이다.

2개월 차 실행 요령

첫째, 1단계에 썼던 계약서를 다시 작성한다. 새롭게 1개월의 기한을 정하고 계약서를 쓰자.

둘째, 일일 점검표를 다시 작성해 책상 위에 붙인다. 이번 일일 점검표에는 1단계 및 2단계 요약 항목을 추가한다.

셋째, 1개월을 목표로 다시 공부 일기와 수업 요약 및 1, 2단계의 요약법을 실행하고 일일 점검표에 체크한다.

공부 일기는 계속 쓴다. 2개월 차부터는 일일 점검표의 수업 요약, 1단계 요약, 2단계 요약 칸에 매일 달성 현황을 표시한다. 3단

+ 일일 점검표 예

일차	날짜	요일	계약서 이행	공부 일기	수업 요약	1단계 요약	2단계 요약
1	4월 1일	월	○	○	○	×	○
2	4월 2일	화	○	○	○	○	○
3	4월 3일	수	○	○	○	○	○
4	4월 4일	목					
5	4월 5일	금					
6	4월 6일	토					
7	4월 7일	일					
				⋮			
30	4월 30일	화					

진짜 공부 리스타트

계의 실행은 1개월간 유지한다.

4단계
가속화: 반복하여 습관화하기

2개월간 3단계까지 수행했다면 성공의 문을 90% 이상 넘은 것이다. 달성 현황을 체크할 때 80% 이상(30일 중 25일 이상) 성취했다면 성공으로 인정한다. 중간에 실패했더라도 실망하지 말자. 다시 월요일부터 시작하면 된다.

2개월간의 과정을 성공적으로 마쳤다면 다음과 같은 단계에 오른 것이다.

- 어느 정도 계획을 세우고 이를 실행할 줄 안다.
- 하루 공부 분량을 어느 정도 산정할 수 있다.
- 집중력이 높아지고 내용 전체를 보는 능력이 있다.

이제 단계를 지속하는 일만 남았다. 지속하면 공부가 습관화되고 가속화된다.

학생들의 상태에 따라 조금씩 다르지만 각 단계가 몸에 배기까지는 보통 3~4개월이 걸린다. 그 이후로는 자동적으로 진행할 수 있다. 어느 정도 습관화되면 생략과 응용이 가능하다.

예를 들어 영어 발음을 공부할 경우 초기에는 정확한 발음 기호를 알고 기호 하나하나의 정확한 발성을 연습해야 한다. 단어도 가능한 한 정확하게 발음해야 한다. 웬만큼 숙달되면 생략이나 연음을 배우게 된다. 정확하게, 천천히 처음부터 발음 연습을 한 사람은 속도가 빨라져도 약간의 기법만 익히면 정확히 소리 낸다. 초기에 대충 급하게 연습한 사람은 발음에 진보가 없고 소리도 부정확하다. 그러므로 초기에는 철저히 정석대로 할 필요가 있다.

모든 방법론은 동일한 속성을 지닌다. 초기에는 정확한 폼이 중요하다. 정확한 폼을 익히기 위해서는 수고스럽더라도 꾀를 부려서는 안 된다. 배운 그대로 실행해야 한다. 시간이 걸려도 정확한 폼에 따라 훈련해야 한다. 어느 정도 몸에 익으면 그때 폼을 응용하거나 생략할 수 있다.

1~3단계에서 제시한 공부 일기와 1~2단계 요약 훈련은 단순해 보이지만 익숙지 않은 학생들에게는 상당히 귀찮은 일이다.

3개월 차 실행하기

전 단계 실행에 성공했다면 다시 3개월을 계획해 반복 실행해 보자. 이때 3개월을 한꺼번에 실행하지 않는다. 1개월씩 나누어서 3회 반복한다. 결심과 실행, 점검은 항상 1개월 단위로 한다.

자, 다시 본격적으로 실행해보자.

3개월 차에는 2개월 차와 동일한 방법으로 실행하되 2가지를 더 수행한다. 주간 계획 수립과 1~2단계의 요약 실행을 하되 이해에 기반하여 수행하는 방법이다.

주간 계획 수립하기

주간 계획은 매주 일요일에 세운다.

+ 주간 계획 작성 요령

- '금주 달성 목표'는 빡빡하게 세우지 말고 토요일까지 여유 있게 달성할 수 있는 분량으로 정한다. 실행 계획은 누적으로 한다. (매일 일정 분량으로 계획을 세울 경우 초기에 어긋나면 이후의 계획 달성은 모두 실패하게 됨.)
- 일요일은 1주 동안 미진했던 부분을 보완할 수 있는 여유 공간으로 설계한다. 매일 계획대로 실행하지 못해도 주간 목표는 달성할 수 있도록 짠다.
- 책상 위에 붙이거나 노트에 기록해, '실행 여부'는 자기 전에 매일 체크하라.

+ 주간 계획의 예

	월	화	수	목	금	토	일
금주 달성 목표	←		수학: 1~5장, 영어: 1~4장				→
공부 가능 시간	4	4	4	4	4	8	8
계획	수학 1장 영어 1장	수학 2장 영어 2장	수학 3장 영어 2장	수학 4장 영어 3장	수학 5장 영어 3장	수학 5장 영어 4장	총 복습
실행 여부	○	×	○	○	○	△	○

1~2단계 요약 실행에 '이해 훈련' 추가하기

3개월 차 실행을 하면서 '이 실행만으로 효과가 있을까?' 하는 의문이 생길지도 모른다. 결론부터 말한다면 '수업 요약 및 1~2단계 요약' 실행 자체가 좋은 성적을 거두게 하는 직접적인 방법은 아니다. 시험에서 출제되는 문제는 자신이 공부한 내용의 구조나 체계가 아닌, 실제 세부 항목을 묻는 문제가 많기 때문이다.

그렇다면 구조를 파악하는 시간에 시험과 직접 관계된 세부 내용을 하나라도 더 외우는 게 효과적이지 않을까? 이런 의문을 가지는 건 당연하다. 그러나 나열된 내용들을 하나하나 머릿속에 넣는 방법이 당장에는 효과가 커 보여도 기억이 오래가지 않는다. 의미 연결이 되지 않은 지식의 단편들은 머릿속에 넣기 힘들고, 향후 기억하거나 다른 내용과 조합하기는 더더욱 어렵다.

해당 지식이 어느 위치에 있고 왜 그 위치에 존재하는지, 그 지식이 다른 주제와 어떤 연관이 있는지를 파악해 구조를 이해하고 큰 그림을 파악하면 세부 내용 또한 기억하기 쉽다. 이는 시험에 출제되는 지식들에 대한 구체적인 답을 빠르고 효과적으로 제시하기 위한 필수 기반이 된다. 특히 분산된 지식을 연결하는 문제 해결에 탁월하다.

다시 원래의 질문으로 돌아가보자. 시험을 잘 볼 수 있는 방법이 요약 실행만으로도 되지 않는다면 무엇이 필요할까? '세부 내용에 대한 이해와 기억'이다.

얼굴을 완벽하게 그리려면 얼굴의 윤곽을 먼저 그리고 나서 눈, 코, 입 등의 세부 묘사를 해야 한다. 물을 담으려면 먼저 그릇을 준비한 후에 물을 담아야 한다. 얼굴 윤곽을 그리는 일과 그릇을 준비하는 일이 요약 실행에 해당한다고 할 수 있다. 세부 묘사나 물을 담는 일은 세부 내용에 대한 이해와 기억에 해당한다고 할 수 있다. 3개월 차 실행부터는 점차 세부 내용에 대한 이해와 기억까지 실행하면서 훈련하자.

세부 내용에 대한 이해와 기억을 위한 별도의 실행 과제는 필요 없다. 1~2단계의 요약을 실행할 때 다음 지침을 반영하여 수행하면 된다.

• 첫째, 이해하면서 요약하라.

1~2단계 요약을 할 때 내용을 이해하면서 요약하라. 단순히 몇 가지 단어나 목차를 나열하여 요약 정리하는 것이 1~2단계 요약의 목적이 아니다. 충분히 이해하면서 요약하라.

• 둘째, 처음부터 무작정 외우려 들지 마라.

단순 암기는 마지막 보루다. 왜 이런 내용이 나왔는지부터 이해하라. 대부분의 세부 내용들은 단순 암기를 요구하지 않는다. 내용을 정의하는 용어도 각각 의미가 있음을 이해해야 잘 외워진다.

'도치법' '직유법'이라는 단어와 예시 문장이 나왔다고 해보

자. 무조건 외우려고 하면 잘 외워지지 않는다. 설령 외웠다고 해도 1주일 뒤면 잊어버린다. 그러나 '도치'가 한자로 '순서를 뒤바꾼다'는 의미임을 알면 왜 도치법이라고 부르는지 이해되고, 예시 문장을 이해하기가 훨씬 쉬워질 것이다.

단순무식하게 외워야 한다는 영어 단어조차도 마찬가지다. 'bilingual'을 예로 들어보자. '두 나라 말을 하는'의 의미를 가진 어려운 단어다. bi가 two의 의미이고 lingual를 language와 연결시키면 단어가 머릿속에 들어온다.

물론 단순하게 외워야 하는 단어도 있다. 'monkey'가 왜 '원숭이'인가? 이해하기는 쉽지 않다. 이 경우에는 단순 암기가 필요하다. 정말 무식한 단순 암기는 마지막 방법이다. 처음부터 단순 암기를 시도해서는 안 된다. 먼저 이해해야 한다.

스스로 이해하는 능력이 부족한 학생일수록 좋은 선생님과 좋은 강의는 필수다. 이해력이 뛰어나고 공부에 숙달된 학생들은 책을 읽어도 혼자 이해할 수 있지만, 그렇지 못한 학생들은 도움을 받아야 한다. 어떤 도움인가? 이해의 도움이다.

• 셋째, 이해가 잘 안되어 진도가 더뎌지면 2회 보라.

때로 모르는 내용이 많아 이해가 안되는 탓에 1시간이 지나도 요약은 고사하고 1쪽을 채 나가지 못하는 경우가 있다. 배우지 않은 새로운 내용을 공부할 때도 자주 겪는 일이다. 이런 경우에는

 진짜 공부 리스타트

일단 하던 공부를 멈추자. 그리고 다음 둘 중 하나를 선택하라. 먼저 그 내용과 관련된 강의를 듣고 이해한다. 선생님의 설명을 듣고 대략 이해한 후 스스로 내용을 요약해보면 이해가 빨라지고 확실해진다. 그다음에 다시 요약 정리를 실행한다.

당장 강의를 들을 형편이 안 된다면 2회 볼 생각을 하고 처음에는 큰 흐름 중심으로 대략 이해하고 진도를 나가라. 이후 다시 한 번 세부적으로 본다. 한꺼번에 완벽하게 이해하겠다고 마음먹을 필요는 없다. 처음에는 대략 흐름만 보고 그 이후에 다시 보는 것이 훨씬 낫다. 항상 2회 본다는 마음으로 공부하라.

1단계 요약 훈련을 통해 이 방법을 이미 실행하는 학생도 있을 것이다. 이와 같은 방법으로 공부하는 의미를 이해하고 실행해야 한다. 본격적으로 공부하기 전에 대충 보면서 요약하고, 본격적으로 공부하면서 요약하고, 공부를 마칠 때 자신이 맨 처음에 대충 요약한 부분을 보완하는 훈련이 위의 방법을 적용하게 해준다.

• 넷째, 문제 풀이는 이해력을 높여준다.

내가 잘 이해했는지 검증하는 방법이 문제를 푸는 것이다. 1차적으로 내용을 이해하고 이를 깔끔하게 정리하는 것이 필요하다고 앞서 누누이 말했다. 자신은 충분히 이해했다고 생각하지만 실제로는 이해가 부족한 경우도 있고, 이해했지만 그 내용들이 다른 내용과 연결되지 않을 수도 있다. 그러므로 문제는 반드시 풀어보

① 새롭게 1개월의 기한을 정하고 계약서를 쓴다..

② 점검표를 다시 작성하고 책상 위에 붙인다.

③ 1개월을 목표로 다시 공부 일기와 수업 요약 및 1~2단계의 요약법을 실행한다. 이때 매주 일요일에는 주간 계획을 수립하며, 1~2단계 요약법을 실행할 때는 이해 훈련 지침을 적용한다.

④ 실행 결과를 점검표에 체크한다.

일차	날짜	요일	계약서 이행	공부 일기	수업 요약	1단계 요약	2단계 요약
1	5월 1일	월	×	○	○	△	○
2	5월 2일	화	○	○	×	×	○
3	5월 3일	수	○	○	○	○	○
4	5월 4일	목					
5	5월 5일	금					
6	5월 6일	토					
7	5월 7일	일					
				⋮			
31	5월 31일	수					

아야 한다. 문제를 풀면서 내가 미처 파악하지 못한 부분을 정리하여 요약 노트를 다시 보완하고, 이해가 미진한 부분은 다시 한 번 체크하여 이후 보완한다.

 진짜 공부 리스타트

내용을 이해하지 못한 채 무조건 문제부터 푸는 건 아주 어리석은 일이다. 반대로 100% 이해한 후 문제를 풀겠다고 마음먹었다가 정작 문제는 거의 풀어보지 못하고 시험장에 들어가는 일 또한 매우 어리석은 일이다.

대부분의 내용을 이해하고 이를 깔끔하게 요약 정리했다면 문제를 풀면서 내용을 보완하는 작업을 해야 한다. 문제가 어려워서 푸는 데 시간이 많이 걸리면 과감히 다른 사람에게 물어보거나 답을 보고 이해하라. 답을 보는 건 부끄러운 일이 아니다.

답을 보고 이해하라. 이해한 후 다시 한번 풀어보면 된다.

• 다섯째, 이해하면서 요약하면 다시 이해력이 높아진다.

재미있는 사실은 불명확했던 부분이 요약 과정을 거치면서 명확하게 이해되는 순간을 발견할 것이다. 요약하고 분류하면 빨리 이해된다. '왜 이 내용이 여기에 있는가?' '다른 내용과 어떤 연관성을 갖는가?'를 정리 기법의 화살표 하나로 파악할 수 있다.

4개월 차 실행하기

이제 3개월의 과정을 마쳤다. 혼자서 3개월이나 스스로 계획하고 공부했고, 공부할 때마다 항상 요약하는 실행을 지속했다.

앞으로 2개월이 남았다. 향후 2개월간도 전월과 다름이 없다. 계약서, 공부 일기, 수업 집중 요약, 1~2단계 요약 등의 2개월 차의 실행을 반복한다. 단, 4개월 차부터는 월간 계획 실행을 추가하고, 시험에 대비한 '요약의 요약'법을 실행한다.

월간 계획 수립하기

월간 계획은 매월 첫째 주 일요일(또는 전 월 마지막 주 일요일)에 세운다. 4개월 차의 첫째 날이 월간 계획의 시작일이 될 것이다. 월간 계획은 주간 계획 작성 요령과 같다. '월간 계획의 예'를 참조해 짜고, 주말마다 실행 여부를 체크하라. 처음 세운 월간 계획을 무조건 지켜야 하는 건 아니다. 매주 일요일 주간 계획 수립과 연동하여 진행 상황을 봐가며 적절히 수정을 해도 좋다.

+ 월간 계획의 예

	1주	2주	3주	4주
금주 달성 목표	← 수학 A참고서: 1~10장, 영어 B참고서: 1~10장 →			
계획	수학 1~2장 영어 1~2장	8장까지 7장까지	8장까지 7장까지	10장까지 10장까지
실행 여부	○	○	○	○

시험 대응을 위한 '요약의 요약'

3개월간의 요약 훈련을 실행했는가? 이해하면서 요약하는 훈련이 어느 정도 숙달되었을 것이다. 이를 2개월간 더 꾸준히 실행하라. 이 기간 동안 중간·기말 고사, 모의고사, 수능 등의 시험이 있다면 어떻게 해야 할까? 특히 장기적으로 수능 등의 시험에 대비하려면 어떻게 공부해야 할까?

시험에 대응하려면 책 전체 또는 시험 범위 전체를 요약해야 한다. 시험에 임박하면 관련된 모든 책을 들고 다니면서 공부할 수 없기 때문이다. 이미 한곳에 모든 책의 내용을 잘 요약해두었다면 노트 하나만 계속 반복해 복습하고 실전 문제를 풀면 된다. 실전 문제를 풀면서 새롭게 이해한 부분은 노트의 해당 영역에 반영한다.

지금까지 이 책에서 제시된 대로 1~2단계의 요약을 해왔다면, 바로 그 내용을 모으면 시험 범위까지의 요약이 될 것이고, 책 전체의 요약이 될 것이다. 이를 활용하여 시험 공부를 하면 된다.

때로 이 요약 내용 자체로도 분량이 많아 반복해서 복습하기 어려운 경우가 있다. 평소 조금씩 요약한 내용이라 각 장만 보면 요약이 잘되어 있는데 전체적으로는 구조가 잘 보이지 않는 경우도 있다. 이와 같은 경우에는 '요약의 요약'본을 만드는 실행이 필요하다. '요약의 요약'본을 만드는 방법은 다음과 같다.

• 첫째, '요약의 요약' 실행의 핵심 도구는 책의 목차다. 목차를 주의 깊게 봐야 한다.

목차를 그냥 외우지 말자. 논리적 순서와 구조를 이해해야 한다. 목차를 잘 보면 작은 목차들을 묶는 큰 목차가 있고, 큰 목차들 간에도 논리적 연관성이 있다. 이 연관성을 파악해야 한다. 선생님, 친구, 참고서를 동원하거나 스스로 연관성을 파악해야 한다. 연관성을 파악하고 나서 이를 정리한 후 과감히 외워라. 전체를 외우는 게 가장 좋고 차선으로는 자신이 공부한 곳까지는 외워라.

• 둘째, 시험 공부를 할 때에는 반드시 시험 범위 내용의 '요약의 요약'본을 만든다.

요약 내용이 몇 십 쪽이 되면 의미가 없다. 과목별로 A4 용지 4쪽을 넘어서는 안 된다. 요약 내용은 한눈에 보이도록 작성하고, 글씨는 작게 쓴다. 다음과 같은 방법으로 요약해보자. B4 용지를 하나 준비한다. 종이를 세로로 반을 접는다. 그러면 앞장 2면과 뒷장 2면, 도합 4면이 나온다.

작은 글씨로 촘촘하게 시험 범위 내용을 왼쪽부터 오른쪽으로, 앞장부터 뒷장으로 요약한다. 요약 방법은 1~2단계 요약법에 따른다. 책을 직접 보면서 요약해도 좋고 이미 1~2단계에 요약한 내용을 다시 한번 요약해도 좋다. 이때 목차 항목은 반드시 표시한다. 시험장에 B4 용지 하나만 들고 간다는 생각으로 요약한다.

다 요약했으면 책을 펴지 말고 요약한 1쪽짜리만 몇 차례 훑어본다. 내용을 어느 정도 요약했으면 문제를 풀어라. 정리하지 않은 채 많은 문제를 풀면 오히려 혼란만 가중된다. 내용을 정리하고 문제를 풀자.

요약본만 가지고 시험 전까지 계속 복습하고 복습하는 것이 시험 공부의 핵심이다. 시험 공부 직전에 책 전체를 처음부터 다시 읽는 것처럼 바보 같은 짓은 없다.

+ '요약의 요약' 예

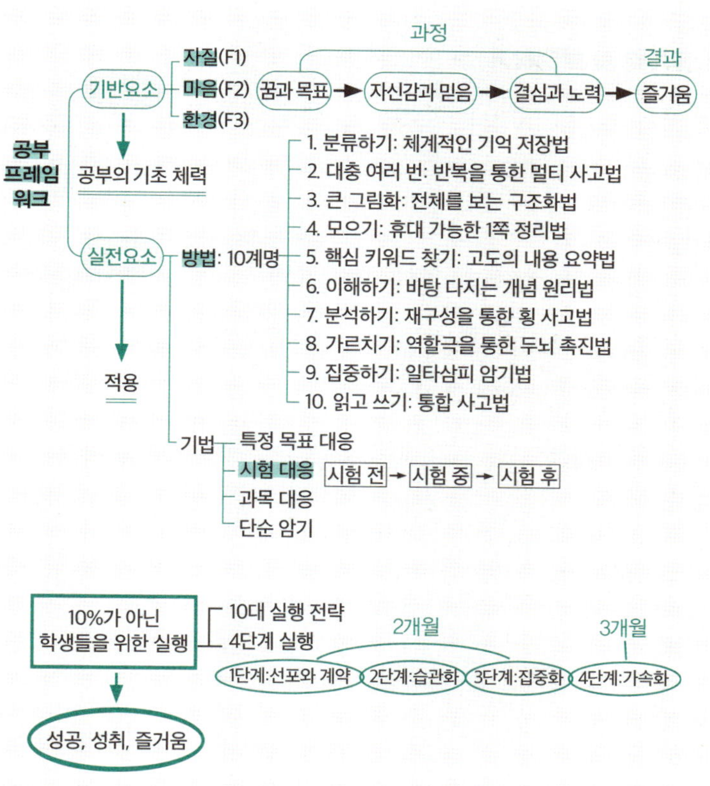

• 셋째, 책 하나를 다 공부했다면 반드시 책 전체 구조를 1쪽으로 요약하라.

책 하나의 구조를 정리하는 방법은 어렵지 않다. 앞에서 제시한 바와 같이 목차 간의 연관 관계를 이해하여 구조화하면 된다. 간단한 글상자와 화살표로 정리해도 좋고, 단순하게 나열해도 좋다.

5개월 차 실행하기

이제 마지막 월이다. 이번에는 4개월 차와 동일하게 실행하되 하나 더 시도한다. 이 실행은 '필수'가 아닌 '선택'이다. 수업 시간에 '강조 필기'를 넘어서 '요약 필기'를 하는 방법이다. 즉, 수업 시간에 선생님의 필기나 말씀을 강조점만 표시하지 말고 나름대로 해석하여 요약 정리하는 것이다. 요약 정리하는 방법은 앞서 제시한 1~2단계 요약 방법과 동일하다.

요약 필기를 모든 과목에 적용하기는 어렵다. 단순하게 필기하거나 요약 자료를 학생에게 나누어준 뒤 설명을 많이 하는 선생님의 과목에 적용하기 좋은 방법이므로 이러한 과목부터 실행한다.

앞서 언급했지만 만일 수업 시간에 선생님의 말씀이나 필기를 노트에 그대로 받아 적다가 이해 못하고 넘어가는 경우가 많아도 요약 필기를 적용하라. 그대로 받아 적지 말고 선생님 말씀을 이해하는 데 힘쓰고 중요한 내용만 간략하게 요약하여 노트에 기록하

타. 선생님이 이해하기 쉽게 설명하고 잘 요약해준다면 굳이 '요약 필기'를 적용할 필요가 없다. 기존의 '강조 필기'로 충분하다.

① 새롭게 1개월의 기한을 정하고 계약서를 쓴다.

② 점검표를 다시 작성하고 책상 위에 붙인다. 주의할 점은 2개월 치의 점검표를 한꺼번에 작성하지 말고, 1개월 치만 작성하자.

③ 1개월을 목표로 다시 공부 일기와 수업 요약 및 1~2단계의 요약법을 실행한다. 이때 매주 일요일에는 주간 계획을, 매월 초에는 월간 계획을 수립한다.

④ 시험일이 가까울 경우 시험 대응을 위해 '요약의 요약'법을 실행한다.

⑤ 실행 결과를 점검표에 체크한다.

일차	날짜	요일	계약서 이행	공부 일기	수업 요약	1단계 요약	2단계 요약
1	5월 1일	월	○	○	○	○	×
2	5월 2일	화	○	×	○	○	○
3	5월 3일	수	○	○	×	○	○
4	5월 4일	목					
5	5월 5일	금					
6	5월 6일	토					
7	5월 7일	일					
⋮							
31	5월 31일	수					

4단계까지 성공했다면 여러분은 이제 4개월간(5개월 차는 선택)의 실행을 완성한 것이다. 4개월간 공부를 잘하기 위한 훈련을 했다. 이 정도의 기간이면 올바른 공부 방법이 어느 정도 습관화됐을 것이다. 어떤 운동이건 기본 자세를 배우고 몸에 익히는 데 3~5개월이 걸린다. 그 이후에는 반복하여 몸에 완전히 익히는 일상이 더해진다.

4개월간 성공적으로 실행했다면 이제 꾸준히 반복하는 일만 남았다. 자세가 어느 정도 잡히면 개개인의 특성에 따라 조금씩 생략하거나 응용할 수 있다. 4개월 동안은 생략과 응용을 절대 허용하지 않았다. 4개월간 훈련을 마친 지금 이 시점에서는 공부 방법이 어느 정도 몸에 익었고 굳이 기록하지 않아도 잘할 자신이 있

   진짜 공부 리스타트

다면 약간 생략하거나 응용할 수 있다.

하루 계획을 세워 공부하는 습관을 어느 정도 체득했다면 굳이 매일 공부 일기를 쓸 필요가 없다. 간단히 오늘 공부 계획을 1~2줄 기록하는 것으로도 충분하다.

3단계에 나온 요약 훈련 중의 일부는 생략할 수 있다. 스스로 요약하는 방법 중 1단계는 생략하고, 공부하기 전에 공부할 전체 내용을 눈으로 대강 훑어보면서 정리하고 출발해도 된다. 그러나 2단계 요약은 절대 생략해서는 안 된다.

완전히 체득하지 않은 상태에서 과감하게 생략하지 않도록 주의하자. 생략할 수 있다고 말했지 생략해야 한다고는 말하지 않았다. 생략하지 않고 계속 실행하는 게 가장 좋은 방법이다.

5~6개월 차부터는 앞에서 제시한 10계명과 10가지 전략을 다시금 읽고 적용하라. 대부분은 이미 앞의 실행을 통해 체득했을 것이다. 미진한 부분은 계명과 전략을 다시 읽고 읽어 자신의 것으로 만들어라. 어차피 평생 해나갈 일 아닌가!

수업 시간에도 2단계의 요약법을 적용하고 꾸준히 지속하라. 체득하면 할수록 공부하기가 훨씬 편해진다. 남보다 빠른 시간 내에 내용을 독파하고, 더 나은 시험 성적을 얻는 즐거움도 맛볼 수 있다.

어릴 적부터 책 읽는 습관이 중요하다

만약 초등학생이나 중학생 자녀를 둔 학부모라면 제10계명만 지켜도 공부에 관한 문제는 거의 해결된다고 단언할 수 있다.

끊임없이 읽고 쓰는 사람을 이길 장사는 없다. 특히 읽기는 습관이다. 자녀가 어리면 어릴수록 빨리 시작해야 습관이 된다. 취학 전이나 초등학교부터 학부모가 자녀에게 이 습관 하나만 길러주면 공부에 대한 부모 역할을 90% 이상 했다고 해도 과언이 아니다.

취학 전 아이에게는 부모의 역할이 거의 90%를 차지한다. 부모가 아이에게 매일 책을 읽어주고 같이 책을 보는 것이 아이의 책 읽는 습관을 길러주는 데 가장 효과가 있다고 알려졌다.

자녀가 조금 크면 부모가 아이들을 데리고 서점이나 도서관에 자주 가는 것도 효과가 있다. 물론 아이들이 보고 싶은 책을 스스로 고르게 해 주어야 한다. 습관이 들면 자녀가 책을 보지 말라고 해도 볼 것이다.

또 하나의 좋은 방법은 매일 자녀에게 단 30분간이라도 책 읽을 시간을 정해서 자신이 좋아하는 책을 읽게 하는 것이다. 같은 시간을 정하고 예외를 두지 않는다. 1주일간 빠짐없이 실천했다면 상을 준다.

위의 방법이 쉬워 보이지만 부모 입장에서 보면 결코 만만하지 않은 일이다. 매일 고단하게 하루를 보낸 후 집에 와서 자녀들을 챙겨주기가 말처럼 쉽지 않다. 정작 자신은 TV를 보면서 아이들에게는 공부하라고 외치는 것이 대한민국 평균 부모의 일상이다. 아이 스스로 책 읽기를 즐겨하는 경우도 있지만, 이는 드문 일이다. 최소한 '책 읽기'에 있어서는 부모가 수고해야 한다.

저학년일수록 학교 공부를 강요하기보다는 자녀가 즐기는 주제의 책 위주로 읽혀서 습관을 들이고 즐거움을 찾게 하는 것이 공부의 핵심이다. 부모가 너무 많은 책을 한꺼번에 사주면 역효과가 난다. 전집은 금방 질린다.

갓난아이에게 처음부터 고기를 먹일 수는 없는 법이다. 맛을 들이기 위해서는 조금 더 성장하도록 기다려야 한다. 처음에는 아이스크림이 적당하다. 어린아이에게 고기가 맛있는 음식이니 무조건 먹으라고 강요하면 커서도 고기를 안 먹을 위험이 있다.

아주 빗나간 책이 아니라면 어떤 책이건 자녀가 재미있어하는 책을 읽을 자유를 주어야 한다.

① 꿈을 강요하지 말자

부모들이 자주 저지르는 실수가 있다. 자녀들의 꿈과 목표를 '명문대 진학'에만 두게 하는 것이다. 공부를 잘해서 최고 대학에 진학한 학생 중에 많은 이가 대학에서 방황한다. 술과 개똥철학에 빠져서 나오지 못하는 경우도 많이 보았다. 그들에게 더 이상 꿈과 목표가 존재하지 않기 때문이다. 부모의 열망과 자신의 열망으로 목표를 정하고 성취했지만 그다음 목표가 없기 때문이다. 자녀가 더 큰 꿈과 목표를 가지게 도와주고 이를 이루기 위한 중간 목표로 '대학'을 이야기해주어야 한다.

부모가 저지르는 또 다른 실수가 '너의 꿈은 의사요, 판검사다'라는 식으로 자녀들의 꿈과 목표를 과도하게 제한하고 강요한다는 점이다. 부모가 정한 목표를 자녀 역시 자신의 꿈이라 여긴다면 나쁠 게 없다. 그러나 자녀에게도 각자 꿈이 있을 것이다. 꿈이 명예나 권세, 돈과 조금 멀어져 보일지라도 자녀가 즐거워하고 행복해한다면 인정해줄 수 있지 않을까? 세상은 점점 다변화되고 글로벌화되고 있다. 현재의 인기 직종이 향후에도 인기 직종이란 법은 없다.

② 목표를 현실화하자

우리나라의 학부모들은 이상하게도 자녀에게 과도하게 기대한다. 자녀가 1등을 못해도 여전히 자녀에게 서울대나 의대 가는 공부 방식을 원하고 혹시나 하고 기대한다. 헛된 기대는 학년이 올라갈수록 움츠러들고 모의고사 성적이나 수능 성적을 받아든 순간 포기하게 된다.

서울대에 갈 1%의 학생들과 자녀의 실력 차가 너무 크다면 과감하게 목표를 현실화하자. 내 자녀가 공부를 썩 잘하지 못하는데 지금껏 부모로서 서울대에 간 학생들처럼 자녀를 공부시키지 못한 것을 후회하고, 서울대에 들어간 학생처럼 노력하지 않는다고 자녀를 윽박질러봤자 아무 소용없다. 더 후퇴할 뿐이다.

현실을 직시하고 목표를 낮추라. 허들을 하나씩 넘는다고 생각하면 서울대는 아니더라도 자녀의 현재 실력보다 훨씬 괜찮은 대학에 보낼 수 있다.

③ 부모 먼저 당당해지자

많은 부모가 자녀의 기를 죽이고 그나마 있는 자신감마저 없앤다. 자녀들이 가장 싫어하는 사람이 누구인가? '엄친딸' '엄친아' 아닌가!

"엄마 친구의 아들(딸)은 1등인데 너는 왜 그것밖에 못하니?"

"엄마 친구 아들(딸)은 항상 공부만 하는데 넌 허구한 날 놀 궁리만 하니?"

"엄마 친구 아들(딸)은 서울대 갔는데 너는 뭐니?"

"도대체 커서 뭐가 되려고 그러니? 이것도 못해?"

학부모인 나도 그랬다. 부모의 잔소리에 자극을 받아서 개중 맘을 돌이키는 학생도 있지만 90% 이상은 더 빗나가게 마련이다. 역으로 과하게 겸손한 부모도 있다.

"미안하다. 가난해서 너를 제대로 공부시키지 못했다. 내가 죄인이다."

이런 식으로 자녀들 앞에서 신세 한탄을 한다.

이시형 교수가 쓴 책《배짱으로 살아라》에는 다음과 같은 이야기가 나온다. 가난한 두 집이 있었다. 한 집의 아버지는 항상 자녀들에게 의연하고 뻔뻔하였다. "지금은 비록 가난하지만 앞으로 잘될 거니 너희는 절대 기죽지 마라." 다른 집의 아버지는 항상 술을 마시고는 울면서 "이 못난 아비 때문에 미안하다. 내 탓이니 같이 죽자"라고 말했다.

두 집의 자녀 중 누가 제대로 크겠는가? 당연히 전자다. 부모들도 스스로 당당해져야 하며 자녀들이 당당해지도록 도와줘야 한다. 돈이나 명예, 지식, 권력이 없더라도 당당해지시라! 당당할 이유를 찾아보면 100가지가 넘는다.

  진짜 공부 리스타트

자녀들이 기죽지 않도록 빚내서 교육시킨다고 자녀가 당당해지는 게 아니다. 부모의 마음과 태도가 당당하다면 자녀도 당당해질 수 있다. 그러면 자녀들도 기죽지 않을 것이고 실패(?)를 대물림하지 않을 것이다.

단, 기를 살려준다고 자녀를 왕자나 공주처럼 모시고 살지는 말자. 자녀가 공부를 핑계로 부모를 하인처럼 부리는 것을 당연하게 받아들이면 안 된다. 부모는 자녀의 하인이 아니다. 자녀 스스로 공주나 왕자처럼 여기라는 말은 자녀가 남에게 함부로 지시하고 권위를 부리라는 뜻이 아니라 자신을 '왕자나 공주처럼 고귀하게 여기고 자신감 있게 행동하라'는 의미다. 자녀가 왕자요 공주면, 부모는 왕이요 왕비가 아니겠는가!

④ 단계적으로 칭찬하라

공부를 잘하는 자녀를 원한다면 높은 목표를 강요하지 말고 작은 성취감과 성공 경험을 맛보게 해주자.

30등 하는 자녀에게 처음부터 1등, 2등을 목표로 하라고 말하면 대부분 포기한다. 모처럼 20등을 해도 전혀 의미 없는 등수가 되어버린다.

30등에서 20등으로 오른 성적표를 내밀면 춤추며 기뻐하는 부모가 몇 명이나 있는가! 사실은 춤출 만한 일이지만 현실에서는 그렇지 않다. "휴, 언제 10등 안에 드냐"는 식으로 말한다면 자녀가 힘이 나겠는가! 30등이 1등 하는 일은 정말 벼락 맞을 확률이다. 30등이 25등이 되고, 20등이 되고, 10등이 되고… 성적은 이처럼 서서히 오른다.

작은 성취에도 칭찬하고 격려하고 꽹과리를 울리시라. 자녀가 신이 나서 공부할 것이다.

1차 목표를 과하게 잡지 말자. 이상은 높아야 하지만, 이상을 위해 지나친 목표를 두기보다 단계별로 작은 목표들을 두고 하나씩 이룰 때마다 크게 격려해주는 게 현명한 태도다.

⑤ 첫술에 배부를 순 없다

자녀가 2단계의 요약 방법을 실행에 옮기려면 부모의 도움이 절실하다. 초등학생 자녀도 좋고, 중고등학생 자녀도 좋다.

자녀가 전체 내용을 잘 요약했는지 살펴보자. 처음에는 당연히 미숙할 것이다. 자녀에게 특별히 코치할 필요는 없다. 그냥 잘했다고 말하자. 첫술에 배부를 순 없다. 공부에 숙달되지 않은 학생에게는 더더욱 힘든 과정이다. 이것은 훈련이다. 매일 꾸준히 할 수 있도록 체크해주자. 1개월 뒤에 요약본을 보면 자녀의 엄청난 발전을 확인할 수 있다.

영화로 배우는 코칭

① 순수의 힘 〈포레스트 검프〉

머리만 좋다고 해서 성공하거나 사랑받는 것이 아니며, 또 사회에 영향을 끼치는 것이 아니다. 머리가 썩 뛰어나지 못해도 순수하고 올곧은 마음으로 묵묵히 좌절하지 않고 앞을 향해 달린다면 세상에 큰 영향을 끼칠 수 있다.

공부도 마찬가지다. 잔 기법을 익히는 것은 중요하지 않다. 순수한 마음으로 좌절하지 않고 인내하며 한 발자국씩 전진하는 사람만이 장래에 큰 업적을 일구어낼 수 있다.

② 열망의 힘 〈빌리 엘리엇〉

"열망이 모든 장애를 가로막는다."

세상 사람 모두 "너는 할 수 없어"라고 할 때, "너는 이렇게 살 수밖에 없어"라고 할 때, "너는 해봤자야"라고 할 때 온갖 비난과 멸시를 이길 수 있는 힘은 '꿈과 열망'이다. 꿈과 열망은 탄광촌을 나오게 하고, 자신의 한계와 주위의 고정관념을 극복하게 한다. 꿈과 열망이 멋진 백조로 하늘을 날게 한다.

공부도 마찬가지다. 가장 위험한 적은 '고정관념'이며 '포기'다. 열망이 강할수록 꿈이 현실화되는 법이다.

③ 신념과 목표의 힘 〈불의 전차〉

무엇을 위해 달리는가! 무엇을 위해 심장이 터지는 듯한 고통을 견뎌내는가!

한 사람은 '하나님의 영광'이라는 꿈과 목표를 위해 달렸다. 하나님이 그를 통해 자신을 드러내실 것이라는 믿음 때문에 승리를 확신했다. 또 한 사람은 '자신의 성취'를 위해 달렸다. 하나님을 위해 달리는 사람보다 믿음이 부족했지만 그 역시 믿음을 가지고 이기고자 했다. 약해지려고 할 때마다 그의 코치가 믿음을 일깨워주었다.

"너는 반드시 승리할 것이다!"

두 사람의 목표는 달랐지만 모두 꿈과 목표가 있었고, 믿음을 가졌다.

④ 결심과 노력의 힘 〈쇼생크 탈출〉

어느 누구도 탈출한 적 없는 악명 높은 교도소에서 주인공 앤디 듀프레인은 남태평양의 섬에서 자유를 누리는 꿈을 꾸었으며, '탈출'을 목표로 삼았다.

모두 미친 짓이라고 했지만 그는 할 수 있다는 믿음으로 20년

동안 작은 칼로 감방의 벽을 파내어 탈출구를 만드는 노력을 하였다. 과연 세상의 그 누가 목표 하나만을 위해 20년간 벽을 팔 수 있겠는가! 앤디 듀프레인이 기나긴 시간을 견디게 한 근원은 무엇이었을까? 바로 '자유'를 향한 열망이었다. 마침내 그는 자유의 즐거움을 누리게 된다.

이것이 바로 공부의 프레임워크 중 '마음'의 영역에서 말하고자 하는 핵심 메시지다. 하물며 그깟 알량한 시험을 위해 결단하지 못하고 몇 년을 인내하지 못한다면 우리가 인생에서 성취할 수 있는 게 과연 얼마나 될까!

⑤ 동기를 자극하는 코칭 〈노다메 칸타빌레〉

놀라운 재능을 소유했지만 자신만의 세계에 갇혀 있는 음악학도 치아키, 열망은 있지만 조화를 모르고 방법에 서툰 연주자들…. 문제 있는 학생들을 한데 모아 멋진 하모니의 오케스트라로 만든 이가 지휘자 스트레제만이다.

그는 학생들에게 '내용'과 알량한 '기법'만을 가르치려고 하지 않았다. 자신의 임무에 소홀하고 놀기만 좋아하며 구성원의 문제에 방관하는 듯 보이지만, 실제로는 학생들의 잠재력과 자신감을 끌어내 보여주려 했고 학생들이 자기 의지로 실행할 수 있도록 도왔다.

이것이 바로 참다운 코칭이다. 참다운 스승은 많은 내용과 기법을 가르치는 이가 아니다. 공부할 수 있는 동기와 결심을 끌어내고, 스스로 이를 실행할 수 있게끔 도와주는 이다.

⑥ 열정을 발산하게 하는 코칭 〈죽은 시인의 사회〉 〈홀랜드 오퍼스〉

반항, 무관심, 수동성, 포기…. 이러한 단어들이 만연한 교육 현실과 이러한 단어들에 익숙한 학생들을 어떻게 깨울 것인가! 키팅(《죽은 시인의 사회》) 선생과 글렌 홀랜드(〈홀랜드 오퍼스〉) 선생은 학생들의 입장에서 그들을 이해하려 했으며, 학생들에게 스스로 생각할 기회를 주었다. 학생들 안에 감춰진 열정과 능력을 끌어내려고 노력했다.

선생님의 가장 중요한 역할이 바로 학생들 안에 감추어진 열망과 목표를 발산하도록 돕는 일이다. 방향을 제시하고 학생들이 스스로 선택하게끔 만드는 것이다. 어떤 학생이건 누구나 공부를 잘할 수 있는 잠재력이 충분하고도 충분하다.

"현재를 즐겨라(Carpe Diem). 시간이 있을 때 장미 봉우리를 거둬라. 인생을 독특하게 살아라!"

⑦ 깨달음을 주는 코칭 〈굿 윌 헌팅〉

"너는 천재다. 세상 사람들이 모두 너를 인정한다. 하지만 네가 갖고 있는 지식이란 죽은 지식이다. 너는 미켈란젤로의 작품을 실제로는 한 번도 보지 못했지만 그의 예술적 성향, 연대기, 성적 취향 등을 줄줄 떠들어댈 수 있을 것이다. 그러나 시스틴 성당 천장에 그려진 미켈란젤로 작품을 올려다보았을 때 느껴지는 바로 그 감동, 그건 모른다."

진정한 코칭과 가르침이란 학생에게 '깨달음'을 주는 것이다. 특히 자신이 똑똑하다고 여기는 학생들은 교만에 사로잡힌 경우가 많다. 이들에게는 한계가 무엇이고 어떠한 방향으로 가면 그들의 재능을 꽃피울 수 있는지 제시해줄 수 있어야 한다.

훌륭한 선생은 학생보다 더 똑똑한 이도 어려운 문제를 빠른 시간 내에 푸는 이도 아니다. 학생에게 깨달음을 주고 공부의 즐거움과 감동을 느끼게 도와주는 이다.

START

진짜 공부 리스타트